BIBLIOTHÈQUE POLITIQUE ET PARLEMENTAIRE

CHARLES DUMAS

Député

Libérez les Indigènes

ou

Renoncez aux Colonies

TROISIÈME ÉDITION

PARIS

EUGÈNE FIGUIÈRE ET Cie, ÉDITEURS

7, RUE CORNEILLE, 7

BRUXELLES, 72, Rue Van Artevelde.
BERLIN, w.9, Verlag Der Sturm.
LONDRES, 17-18 Green Street, Leicester Square.

Libérez les Indigènes

ou

Renoncez aux Colonies

CHARLES DUMAS

Député

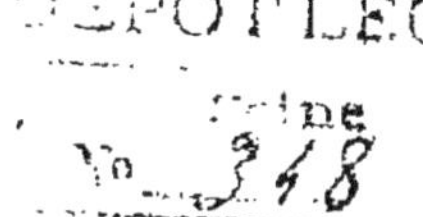

Libérez les Indigènes

ou

Renoncez aux Colonies

TROISIÈME ÉDITION

PARIS

EUGÈNE FIGUIÈRE et Cie, ÉDITEURS

7, RUE CORNEILLE, 7

BRUXELLES, 72, Rue Van Artevelde.
BERLIN, w.9. Verlag Der Sturm.
LONDRES, 17-18 Green Street. Leicester Square.

AVANT-PROPOS

En mars 1913 le Groupe parlementaire du
Parti Socialiste me chargea de faire une enquête
sur la situation des indigènes en Afrique du
Nord. Je devais lui remettre un rapport. Mais
le problème posé par la politique coloniale des
peuples européens à l'égard de leurs sujets indigènes est à l'heure actuelle d'une telle importance qu'il ne peut être abordé efficacement
dans un cadre aussi étroit. Ce n'est pas à dire
que j'ai la prétention d'avoir épuisé le sujet ou
même seulement de l'avoir réellement approfondi. Certes non ; il me suffit de l'avoir signalé
et d'avoir invité ceux qui me liront à y réfléchir
sérieusement.

En étudiant la situation faite aux Musulmans
français de l'Afrique du Nord et plus particulière-

ment de l'Algérie j'ai été invinciblement amené à parler de tous nos sujets coloniaux. La généralisation s'imposait d'elle-même, car actuellement il n'y a peut-être pas pour les races dites civilisées de problème plus grave et plus important que celui du réveil des races attardées et des velléités d'accession à la civilisation moderne des races primitives.

Je me suis efforcé dans la partie où j'ai exposé ce que la France avait fait pour les indigènes de réaliser le maximum d'impartialité. On remarquera qu'il n'est pas une de mes affirmations qui ne s'appuie sur un document certain, un fait irréfutable ou des chiffres officiels. Sans doute, l'œuvre d'un enquêteur en Afrique du Nord ne va pas sans quelques difficultés.

Il lui faut éviter pour ne pas voir sa documentation condamnée *à priori* de se laisser accaparer autant par les amis suspects et les amis sincères des indigènes que par leurs adversaires.

Car ils ont des uns et des autres avec abondance.

Autour d'eux, comme autour de toutes les forces neuves, gravitent des hommes d'affaires plus ou moins louches, qui s'arrogeraient volontiers le monopole de l'Arabophilie en France, —

mais qui se proposent seulement de transformer leur influence en instrument de pression sur les Administrations au plus grand profit de leurs inquiétantes entreprises. Grave péril pour les Jeunes Musulmans, s'ils n'y prennent pas garde.

Il y a aussi les amis sincères des indigènes, ce sont certains colons français et démocrates, ce sont ces jeunes journalistes de France et d'Afrique qui défendent courageusement dans des journaux spéciaux la cause de droit et de la justice, ce sont encore les socialistes qui se trouvent toujours du côté de la barricade où sont les opprimés.

Tant de sympathies ne vont pas sans de fougueuses antipathies.

J'ai essayé de tout entendre, hormis les propos des amis suspects des Jeunes Musulmans. J'ai vu les indigènes, mais j'ai vu aussi les colons. J'ai écouté mes amis socialistes, mais aussi les membres de l'Administration, et tout compte fait, — je me suis trouvé plus souvent en la compagnie de ceux qui passent pour les adversaires des indigènes qu'en la compagnie de leurs amis. J'ai tenté de me faire convaincre que j'avais tort dans mes sentiments indigénophiles.

Je suis revenu convaincu seulement que la
misère et la pauvreté des arguments des indi-
génophobes étaient encore plus pitoyables que
je ne l'avais supposé.

J'ai tâché d'apporter le maximum de clarté
et de simplification dans certains exposés
techniques, comme l'Administration, la Justice, l'Impôt, etc.; je ne sais si j'y suis toujours
parvenu; c'est une chose dont le lecteur déci-
dera, et si je dois solliciter son indulgence je
le prie de songer que c'est une tâche toujours
ardue que de faire tenir beaucoup de choses
et beaucoup d'idées en peu de lignes.

Peut-être aussi me reprochera-t-on de m'être
souvent écarté de mon sujet proprement dit, et
d'en avoir usé trop souvent pour philosopher
à mon aise. Je ne pense point que ce soit là un
défaut, et c'est même je crois le propre du
génie latin que de vouloir toujours ramener la
complexité de la vie à quelques grandes idées
simples, qui sont comme les lignes d'orientation
de l'humanité qui marche. Et si, à cause de cela,
on trouve que mes appréciations sont toujours
dominées par quelque considération générale,
je ne ferai pas mystère de dire que j'ai examiné
la condition faite aux indigènes et les devoirs

de la France à la lueur du grand principe d'égalité, qui depuis le jour où Kant a proclamé à la fois la suprême valeur et l'égale valeur de la personnalité humaine, sert de fondement à toutes les démocraties modernes.

Mais je n'ai pu oublier que j'étais socialiste et que si les Droit de l'Homme n'avaient été en quelque sorte que la traduction politique de l'idée de Kant, il restait à la réaliser pratiquement. L'observation du monde qui nous entoure démontre que c'est bien vers ce but-là que le monde marche en allant vers le Socialisme. Ainsi l'idéologie — admirable intuition de la raison humaine — a précédé les faits; c'est maintenant aux faits à réaliser l'idéologie.

En demandant à la France des Droits de l'Homme de les reconnaître pour les indigènes et en comptant ensuite sur le Socialisme pour les réaliser pleinement, pour eux, comme pour le reste des hommes, je prétends ne pas avoir fait œuvre de Parti, mais bien de m'être rattaché à la plus haute tradition philosophique de la société moderne. Et c'est en m'appuyant sur ce qu'elle contient de développement fatal pour l'évolution des hommes que j'ai conclu comme je l'ai fait en toute bonne foi et en toute sincérité. Aussi bien suis-je convaincu que c'est rendre service à la France que de la mettre en face d'un dilemme que je n'ai pas posé, mais qui se pose de lui-même.

Trop heureux si j'ai réussi seulement à décider quelques esprits d'élite qui pousseront la tâche plus avant.

CHARLES DUMAS.

Paris, 28 décembre 1913.

PREMIÈRE PARTIE

Les Adversaires des Indigènes

Où le démocrate M. Ajam proclame l'aristocratie
de sa race et condamne le reste de l'Humanité
au plébéiat éternel au nom de la raison d'Etat.

Il y a quelque temps M. Ajam, député de la
Sarthe a publié un ouvrage *Problèmes algériens*
que l'on ne saurait négliger. D'abord pour la
distinction d'esprit de son auteur, ensuite parce
qu'il semble bien qu'il soit le reflet exact de la
pensée de l'Administration algérienne, — du
moins de son orientation générale actuelle en ce
qui concerne les indigènes, — et enfin parce
qu'émanant d'un républicain à tendances nettement radicales il est en matière de politique coloniale, la manifestation d'un état d'esprit, dans certains milieux dirigeants que l'on n'avait jamais,
jusqu'à ce jour, avoué avec autant de netteté.

On a quelquefois reproché aux parlementaires français la rapidité de jugement porté par
eux sur les indigènes de l'Afrique du Nord. Ils
viennent ici en touristes, proclament les journaux de là-bas, et ils s'en vont avec la prétention

de connaître les problèmes que soulève une telle question.

Le cas de l'honorable représentant de la Sarthe me semble plus grave encore, que celui de tant d'autres parlementaires abominés par une grande partie de la Presse Nord-Africaine.

Non seulement M. Ajam s'est fait une opinion, mais il en a perdu une autre et le pis est qu'il a laissé accroché aux cactus du bled quelques-unes de ses conceptions philosophiques les plus chères. Ainsi les voyages déforment l'âge mûr.

Le positivisme s'était élevé avec véhémence contre le principe de l'existence des races infé-rieures et les néo-positivistes dont est M. Ajam n'avaient jusqu'à ce jour en rien réfuté une telle affirmation.

M. Ajam boucle sa valise, va passer trois semaines en Algérie pour étudier l'*Ouenza* et s'en revient se frappant la poitrine d'avoir si longtemps professé une semblable erreur. Il s'étonne presque, lorsqu'il s'aperçoit à son retour que ce principe qu'il adoptait lui-même trois semaines auparavant « a *encore* aujourd'hui des partisans plus ou moins ouvertement déclarés », tant est grand le zèle des néophytes qu'ils ima-ginent volontiers que leur abjuration a effacé de la pensée des hommes les dieux qu'ils ont cessé d'adorer.

Ainsi donc M. Ajam en débarquant à Alger la Blanche a regardé les Arabes drapés dans leurs burnous, coudoyant sur la place du Gouvernement les Européens en veston, et il en a conclu qu'il y avait des peuples qui étaient faits pour être dominateurs et d'autres pour être dominés.

L'affirmation est grave, elle peut avoir des conséquences redoutables, elle en a d'immédiates dans notre conception de politique coloniale, j'entends d'administration coloniale ; elle demanderait à être sérieusement étayée. Le malheur est que M. Ajam s'en est bien gardé. Il n'est point si sot.

Jusqu'à ce jour, il n'était personne qui n'eut proclamé publiquement en France que nous allions dans nos colonies porter la civilisation et le progrès. Sans doute, nous reconnaissions — et qui le conteste — qu'il y a des peuples qui ne sont pas au même plan de civilisation que nous-mêmes, mais nul ne songeait à délimiter pour eux dans l'espace une deuxième ou troisième zone d'humanité, ni à leur contester leur capacité d'évolution et d'accession dans le temps à une forme de civilisation supérieure et de les hausser jusque là : c'était justement la soi-disant justification morale de nos conquêtes coloniales. Rendons grâce à M. Ajam d'avoir supprimé du répertoire phraséologique bourgeois cette assez médiocre hypocrisie. Le positiviste qu'il est ne saurait s'accommoder d'une aussi menteuse idéologie. Ce n'est plus dans un but de civilisation que nous irons conquérir nos colonies, c'est dans un but de domination et de domination éternelle, car la thèse du député de la Sarthe ne vaut que si elle pose l'infériorité éternelle des peuples dominés.

Supprimez cette éternité, admettez la plus faible possibilité d'évolution et tout le monument s'écroule, puisqu'il viendra une heure où les dominés seront au niveau des dominateurs, et c'est contre cela que notre auteur s'élève avec force, c'est une telle perspective qu'il repousse avec horreur, car l'aboutissement logique des revendications découlant de ce principe serait, d'après lui, l'anéantissement de notre puissance coloniale. Nous n'aurions plus qu'à disparaître. Il le déclare en termes formels.

Que la thèse de M. Ajam soit adoptée et nous voici fixés sur la manière dont nous aurons à nous comporter avec nos sujets indigènes d'Algérie. Ils sont des dominés et nous sommes les dominateurs. Au-dessous d'une élite qui, outre les honnêtes colons français, algériens ou européens, comprendra tous les autres éléments appartenant aux races proclamées dominatrices, toute la racaille italienne, espagnole et maltaise, tout ce ramassis hétéroclite que l'on a pu appeler, non sans raison, l'écume de la Méditerranée, élevée par M. Ajam au rang de race aristocrate, il y aura le grouillement inférieur des quatre ou cinq millions d'Arabo-Berbères. En haut les maîtres, une poignée ; en bas les esclaves, une foule immense.

Alors nous vivons là-bas en conquérants, sur le pied de guerre permanent, car il faut prévoir — j'en appelle à l'histoire de l'insurrection kabyle de 1871 — que l'ombre de Spartacus erre parfois chez les peuples esclaves.

Pour les dominés, pas de droits, surtout pas de droits de l'homme ! Ils ne sont pas des hommes, ils sont des êtres intermédiaires entre la bête et l'homme civilisé.

Point de libertés. Et que l'on bannisse à jamais les mots d'Egalité et de Fraternité. Les dominés, affirme le démocrate M. Ajam, nous mépriseraient de les prononcer devant eux.

Ils ne connaissent et ne veulent connaître que la force ; elle sera le fondement et le moyen de notre domination.

Mais alors il va falloir rayer, effacer toute l'œuvre entreprise par ceux qui, en Algérie, se sont proclamés les continuateurs de l'œuvre de Bugeaud (1), qui ont voulu préparer le monde arabe pour le jour où il pourrait enfin être élevé à la dignité de citoyen français.

Ceci n'est pas un paradoxe de dialectique, c'est la raison même et quand on a posé un principe il faut avoir le courage de se mettre

_____

(1) A tort ou à raison, mais probablement avec quelqu'exagération, on attribue à Bugeaud le mérite de la politique d'assimilation. Elle était bien plutôt de tradition française.

soi-même et de mettre les autres en face des conséquences naturelles qui en découlent.

Tout ce que l'on a fait pour rapprocher les Arabes de nous doit être regardé comme erreur, car si on tente de les rapprocher de nous ou bien on fait une œuvre vaine et il y faut renoncer, ou bien on risque d'aboutir et il n'y a plus de peuple inférieur.

Erreur le droit de suffrage même falsifié, même ridicule qui existe. Erreur le droit de représentation dans les assemblées, car l'histoire est là pour prouver que le système censitaire n'est qu'une étape vers le suffrage universel. Erreur surtout et erreur monstrueuse l'instruction donnée aux jeunes indigènes. C'est elle qui est la source de tout le mal, c'est par elle que s'égalisent les hommes et les races. Ce sont, dit M. Ajam, les jeunes hommes qui sortent de nos Lycées et de nos Universités qui sapent aujourd'hui les bases de notre domination, et pour être logique avec lui-même, il faut qu'il adopte cette arrière-pensée de certains colons que pour les Européens il doit y avoir des écoles primaires, secondaires et des universités, mais que pour les Arabes il ne saurait y avoir que des écoles professionnelles. Le droit à l'instruction pour les dominateurs, le droit au travail pour les dominés, et rien que cela, car toutes les dominations sont en péril si l'on reconnait aux sujets le droit à la pensée.

La thèse du député de la Sarthe a été formulée, il y a longtemps déjà, dans une phrase fameuse : « La France n'a pas le droit de transformer en Français les indigènes de l'Afrique du Nord. *Une solide armée* et le respect absolu de la mentalité, des mœurs et des situations acquises enchaîneront définitivement la reconnaissance de nos sujets *destinés à rester toujours des sujets* et des feudataires ».

C'est Napoléon III qui parlait ainsi. Tout le bâtardisme et toute l'impuissance de l'Empire passent dans cette formule. Libéralisme qui veut respecter les mœurs et la mentalité des vaincus, tyrannie qui les condamne à la sujétion éternelle. A une si pauvre et si pitoyable conception, il y avait une arrière-pensée qui lui sert d'excuse. Napoléon roulant son rêve éternel des Nationalités avait imaginé de créer en Afrique un vaste royaume arabe dont il eut été l'Empereur. Il caressait cette chimère de ressusciter une civilisation dépassée, de renouer la chaîne des temps, de reprendre l'évolution d'un cycle à jamais clos. Il imaginait une civilisation arabe se prolongeant, se continuant ; il croyait qu'il y avait encore des étincelles dans ce foyer éteint, qu'on le pouvait rallumer et qu'il brillerait dans le monde d'une clarté inconnue et autonome. Il enrichissait l'humanité d'expériences et de formules nouvelles. Il ne savait pas que c'est le même rythme qui emporte les hommes et les peuples et que la grande loi qui règle le mouvement de l'humanité moderne c'est la marche chaque jour plus accentuée vers l'unité..... Il ne pouvait alors prévoir ni la révolution turque, ni la transformation japonaise, ni la révolution persane, ni la révolution chinoise.

Il en est peut-être encore en France qui caressent le rêve d'une politique musulmane aboutissant à une renaissance arabe. Le positivisme de M. Ajam ne saurait s'attarder à cette chimère. Il jette lui les Arabes, les Kabyles, les Berbères dans la fosse où dort la civilisation arabe morte et les ayant à jamais enchaînés vivants dans ce sépulcre, il scelle leur pierre tombale de tout le poids des races dominatrices. Mais s'il agit ainsi, ce n'est pas parce qu'il ne sait pas assez, c'est parce qu'il sait trop.

*
* *

Nous avons pour un instant supposé la thèse de M. Ajam reconnue comme exacte et nous en avons rapidement esquissé les conséquences les plus générales.

Le principe des races inférieures et inassimilables tel qu'il le pose suppose des bases immuables. Si l'on reconnaît que tel peuple est à un degré moindre de civilisation qu'un autre mais que rien ne l'empêchera d'y parvenir, le devoir du peuple supérieur, ce n'est pas la domi-

nation, c'est l'éducation; il doit hâter l'heure où
l'humanité s'enrichira d'une source nouvelle de
forces intellectuelles et sociales.

La domination ne peut avoir que deux bases :
ou le droit de la force brutale ou une infériorité
indéracinable.

C'est à cette dernière affirmation que nous
avons affaire.

La race arabe est-elle donc atteinte d'une tare
physiologique qui la condamne à demeurer à
jamais figée dans le moule d'airain du stade
inférieur où elle s'est arrêtée. L'affirmation serait
tentante. M. Ajam y a bien songé, mais le remarquable éclat de la civilisation dite arabe au
x⁰ siècle l'importune. Il l'écarte de mauvaise
humeur. Que lui importe, dit-il! Pour un positiviste et même un néo-positiviste, c'est supprimer
d'un cœur bien léger un fait qui a eu quelque
retentissement dans le monde. Mais l'infériorité
physiologique fut-elle démontrée, il resterait à
prouver que nos sujets indigènes sont composés
en majorité d'Arabes. Or, ce n'est pas le cas.
Dans les trois semaines qu'il a passées en Algérie,
le député de la Sarthe aura pu s'apercevoir
que la plupart des indigènes sont blonds, au
teint clair et rose et aux yeux bleus. Ce sont,
disent MM. Bertholon et Chantre dans leurs
*Recherches anthropologiques sur la Berbérie
orientale*, des dolichocéphales exactement semblables à la race nordique qui compose 87 p. 100

de la population actuelle de la Suède. C'est cette race-là qui, d'après ces auteurs, constitue la majeure partie de la population indigène de l'Afrique du Nord.

Mais M. Ajam ne s'est pas exposé à se créer des difficultés avec le peuple suédois. Il ne s'est pas aventuré jusqu'à l'affirmation de l'infériorité physiologique qui eut été cependant la seule base sérieuse à son principe.

Sur quoi donc base-t-il son affirmation que nos indigènes de l'Afrique du Nord sont éternellement destinés à demeurer un peuple dominé; sur quelle base établit-il leur infériorité de race ou de peuple? Il va nous le dire lui-même.

« Pourquoi, écrit-il, les Musulmans en général, et plus particulièrement les Arabes, sont-ils inadaptables? Parce que chez eux tous les pouvoirs sont confondus dans leur religion... Eduquez un Arabe, apprenez-lui la science européenne, faites-en un complet civilisé, vous ne parviendrez jamais à le faire sortir mentalement du stade théologique où il est buté. »

Et c'est tout! Que l'on cherche dans tout l'ouvrage de M. Ajam une autre raison que celle là, on n'en trouvera point : c'est l'Islam et Mahomet qui condamnent les Musulmans à la servitude éternelle, ou plutôt c'est la constitution théocratique de leur société.

Il sait l'histoire cependant. A-t-il donc taxé d'inférieurs tous les peuples qui ont passé par ce stade. Y en a-t-il qui n'y ont point passé ou qui ne s'y sont attardés. N'en est-il pas encore en Europe? Il est libre-penseur, il a vu baisser chaque jour le Christianisme dans notre Europe contemporaine, il a travaillé lui aussi à éteindre les étoiles du ciel, mais il a reçu un tel éblouissement du pâle Croissant, pâle de la pâleur de la mort qui vient, qu'il ne s'est point senti assez de force pour l'aller souffler en redescendant des étoiles chrétiennes.

Ce n'est pas ici le lieu de traiter de l'Islam et de son rôle. Qu'il nous suffise de renvoyer le lecteur au chapitre où nous établirons qu'il agonisait lorsque nous l'avons relevé, lorsque loin de songer à appliquer nos doctrines anticléricales, qui ne sont que grossier sectarisme si elles ne valent pas pour toutes les religions sans distinction, nous avons fait du cléricalisme musulman un instrument de domination et de servitude.

Mais avant d'aller plus loin, il faut prendre note d'un aveu implicite de l'auteur dont nous pourrons tirer de larges conséquences. Si c'est sur l'Islamisme que repose notre droit de peuple dominateur, il ne vaut que pour nos indigènes musulmans.

Nous n'avons plus le droit d'être en d'autres colonies des dominateurs. Il y faut renoncer pour le reste de l'Afrique non islamisée, pour l'Indo-Chine, pour partout ailleurs où ne brille pas le Croissant éternel.

Eternel oui, car encore une fois s'il doit mourir, s'il est vulnérable comme la Croix, si quelque jour dans la dernière mosquée crevassée on doit voir à la clarté de la lune, le vieux muezzin courbé qui porte une colombe, alors voici la thèse de M. Ajam blessée à mort et du coup s'écroulent les bases sur lesquelles il aura prétendu asseoir la domination française.

*
* *

Mais M. Ajam, après l'avoir affirmée, aspire à faire la preuve de l'incapacité d'adaptation du monde musulman et il en apporte une preuve singulière. La Turquie, écrit-il, nous montre aujourd'hui ce que deviennent les peuples musulmans, quand ils veulent s'émanciper et s'adapter à la civilisation !...

Pauvres Turcs, ce n'était pas assez des Bulgares pour les accabler, voici M. Ajam lui-même.

Mais quoi! Où est donc la démonstration, s'il vous plaît.

Les Turcs ont été battus. Qu'est-ce que cela prouve? Qu'en trois ans ils n'ont pas pu démolir l'œuvre du passé et reconstituer une armée que d'autres avaient mis vingt ans à préparer.

Quoi! Vouloir s'émanciper, ce n'est pas déjà être digne de la liberté, tenter de s'adapter à la civilisation n'est-ce pas avoir fait le plus gros effort, avoir rompu moralement avec le passé parce qu'on a compris le présent. Oh! la révolution a eu des heurts, des chaos, des atrocités, des indignités. Est-ce donc cela que reproche aux Turcs le député radical de la Sarthe. Les Anglais n'ont donc pas coupé le cou à Charles Ier et à Jacques II? Pour proclamer les Droits de l'Homme, — les droits de tous les hommes sans distinction de race, — n'avons-nous donc pas guillotiné Louis XVI, envoyé à l'échafaud trente mille victimes, subi la plus effroyable Terreur de l'histoire?

N'avons-nous pas massacré en Septembre, ni noyé à Nantes. Robespierre n'a-t-il pas eu la tête de Danton et Thermidor n'a-t-il pas vu tomber celle de Robespierre. Alors quoi, encore une fois? La défaite!

1870 a-t-il donc prouvé que nous étions un peuple inférieur?

Non, il faut en finir une fois pour toutes avec le sophisme monstrueux de l'inadaptabilité du monde musulman prouvé par les Turcs. Il faut aussi crier, hurler la vérité. Il faut que l'on sache bien que la Turquie est tombée victime des intrigues russes. C'est elle qui a couvé, préparé l'assaut balkanique, c'est elle qui a dans l'ombre tramé le complot sans en avoir mesuré, ni peut-être prévu toutes les conséquences.

M. Ajam ne sait-il pas que l'on a commencé aujourd'hui d'apporter quelques éclaircissements dans les sinistres menées de la diplomatie occulte de la Russie. Ignore-t-il qu'il est prouvé aujourd'hui que c'est elle qui a fait échouer la première tentative du libéralisme turc, il y a un demi-siècle.

Et puisqu'il parle des Turcs que ne parle-t-il aussi de la Perse. C'est encore cette même Russie qui a fait échouer la noble tentative d'émancipation du peuple persan. Ce sont les troupes russes qui à Kazim barraient la route aux révolutionnaires constitutionnalistes en marche sur Téhéran, et qui plus tard, ont organisé le désordre et l'anarchie. La Russie qui ne veut pas que sur ses frontières on prononce le mot de liberté, a malheureusement ici trouvé une complice dans l'Angleterre épouvantée de la répercussion et de la force d'attraction que représenterait pour les Indes une Perse émancipée. Mais parce qu'elle s'est arrêtée momentanément sur l'écueil placé dans l'ombre par la plus criminelle des diplomaties, la révolution turque a-t-elle donc dit son dernier mot? Qui serait assez audacieux de le prétendre. Et si même elle échouait, qui ne verrait que par le seul effort fait pour s'élever vers la civilisation moderne, les Musulmans de Turquie ont prouvé qu'ils étaient capables d'y accéder puisqu'ils étaient capables de la comprendre.

Mais puisque c'est dans les intrigues de la Russie que l'on va chercher des armes contre le monde musulman, ne quittons pas l'Empire des

Tsars sans rappeler qu'il est lui aussi une puissance mulsulmane de premier ordre et qu'au lendemain du jour où la révolution eut arraché la Douma au tsarisme, pas un instant on ne songea à écarter les Musulmans du droit de suffrage.

Ils ont à la Douma des députés exactement au même titre que les autres citoyens de l'Empire.

*
* *

Proclamer que les Musulmans de quelque race ou de quelque nationalité, qu'ils soient Turcs, Arabes, Kabyles, Berbères, Russes ou Persans sont inadaptables à la civilisation européenne c'est fort bien, mais faut-il encore s'entendre sur le sens des mots et savoir ce que l'on entend par civilisation.

Tout le monde est d'accord sur le mot, dira-t-on, il s'agit de l'état des mœurs. Sans doute, mais il est fort probable qu'on l'est beaucoup moins sur la nature de la chose.

Lorsque l'on parle de l'inadaptabilité musulmane, il n'est pas douteux que l'on considère la civilisation moderne ou *notre* civilisation comme un tout complet, comme une structure qui se suffit à elle-même, que l'on peut déplacer à volonté et déposer sur tel ou tel peuple, telle ou telle race pour constituer le milieu dans lequel il aura à évoluer désormais.

Si l'on a cette conception, si l'on voit un peuple

ou une race d'une civilisation différente se refuser à adopter nos mœurs, nos rapports moraux et sociaux, nos manières d'être, de sentir et de comprendre on pourra tout en restant logique avec soi-même proclamer l'inadaptabilité des récalcitrants.

Mais l'on peut avoir une notion bien différente de l'idée de civilisation.

Lorsque les socialistes se refusent à admettre non pas seulement un jugement *à priori* et superficiel sur la capacité d'adaptation de tel élément humain à telle forme de civilisation mais même la possibilité de parler de l'adaptabilité ou de l'inadaptabilité sans verser dans la plus vaine idéologie, ils ne sont pas moins logiques avec eux-mêmes, et le pis ou plutôt le plus réjouissant pour une âme de néo-positiviste, est qu'ils prétendent appuyer leur thèse sur toute l'expérience historique universelle contemporaine.

Lorsque M. Ajam parle de l'inadaptabilité musulmane, il entend l'incapacité où sont les Musulmans d'accepter jamais notre statut personnel, nos rapports moraux et sociaux ou plus brièvement nos mœurs.

Il s'indigne, par exemple, qu'un Arabe ne puisse sans devenir renégat — il se pourrait qu'il exagérât un peu pour les besoins de sa cause — adopter notre Code Civil. On sait trop ce que représente un Code Civil dans une société moderne et ce que vaut le nôtre pour contester l'importance de cette observation.

Mais comment ne pas remarquer que le point litigieux délicat porte ici non sur le problème de la polygamie presque résolu en fait par le triomphe de la monogamie, mais sur le partage du patrimoine. L'égalité héréditaire entre l'homme et la femme choque le Musulman. Cela est regrettable. La situation de la femme est peut-être pour l'évolution du monde musulman un écueil singulièrement plus grave que tout l'Islam et que tout le Coran. Mais il se trouve justement que l'égalité héréditaire des enfants devant le patrimoine ne fait nullement partie des conditions de la civilisation moderne. Les Anglais n'y répugnent pas moins que les Musulmans, et n'avons-nous pas vu dans des journaux français soutenir récemment cette thèse peut-être un peu inattendue que pour relever la natalité en France il fallait en revenir au principe de l'absolue liberté de tester. Mais tout ceci n'est qu'un détail en passant. Il n'était point négligeable, car il prouve que lorsqu'on se borne à enregistrer des truismes tout faits on risque d'apercevoir d'infranchissables montagnes là où il n'y a que de très modestes collines qui rompent la monotonie des plaines sans en troubler l'harmonie.

Revenons-en à la thèse socialiste.

Pour les socialistes, la civilisation est le milieu

créé par le mode de production des richesses. A un mode de production donné correspondent des relations sociales, des conceptions morales, en un mot, des mœurs déterminées, qui ne sont en fait modifiables que légèrement par des facteurs secondaires.

La civilisation n'est donc pas une structure complète, se suffisant à soi-même. Elle n'est tout au plus qu'une superstructure du facteur économique. Ainsi on voit l'abîme. On ne s'adapte pas à la civilisation ; elle se crée d'elle-même par l'évolution des modes de production.

Que l'on prenne la carte d'Europe et l'on s'apercevra aussitôt que ce que l'on appelle la civilisation est en rapport direct du développement économique. Le créateur, l'unique créateur de la civilisation moderne, c'est le mode de production capitaliste. Là où il y a capitalisme il y a civilisation. Là où pénètre le capitalisme pénètre la civilisation.

Si M. Ajam se décidait jamais à faire un voyage de trois semaines en Russie, on frémit à l'idée qu'après avoir visité les Moujicks du fond des steppes et entendu les doléances des gouverneurs de Nicolas sur l'incapacité où sont les sujets du Petit-Père de s'adapter à la vie politique moderne il pourrait nous rapporter un livre sur l'infériorité russe qui retentirait douloureusement dans nos cœurs d'alliés.

Il serait logique avec sa thèse et sa philosophie nouvellement acquise; mais il aurait tort cependant, car le capitalisme ayant pénétré en Russie, il a apporté avec lui sinon la civilisation moderne du moins l'aspiration à la civilisation moderne, et comme le capitalisme ne peut vivre et se développer que dans des conditions politiques données et que le facteur économique est le plus puissant de tous il brisera toutes les résistances. La révolution politique ou une évolution politique profonde, si les gouvernants de là-bas en sont capables, enregistrera l'accession définitive du peuple russe à la civilisation moderne.

De même, c'est la pénétration du capitalisme en Turquie qui a créé les aspirations libérales. C'est un manque de profondeur que de proclamer l'échec de la révolution russe ou de la révolution turque, parce qu'elles n'ont pas abouti immédiatement à un résultat définitif et tangible.

La vérité est qu'il s'est produit un phénomène que n'avaient pû prévoir les initiateurs socialistes du matérialisme historique, mais qui loin d'infirmer leur thèse la renforce.

Ils avaient étudié le capitalisme dans son développement naturel, pris comme une création autochtone.

Mais là où il a été importé de toutes pièces comme en Turquie, commé en Russie, où il s'est trouvé par conséquent à son plus haut point de perfection *à priori* tout en demeurant entre les mains des étrangers, il n'a pas pû créer par son développement naturel, puisqu'il n'en a pas eu, la classe qui lui est adéquate, c'est-à-dire la classe bourgeoise. Mais la force du facteur économique est telle cependant qu'il a fait explosion bien que n'existassent pas encore, dans la nation où il avait été implanté, les héritiers du régime qu'il détruisait et dont il ne pouvait s'accommoder.

Ce n'est là à coup sûr qu'une période transitoire : l'organe ici créera la fonction. La vie poursuit son but par des moyens infinis.

Mais continuons notre démonstration : s'il était une civilisation qui pût se comparer à la civilisation arabe actuelle pour le stade où elle était restée, c'est bien la civilisation japonaise.

Si les Arabes en sont encore au Moyen-Age, les Japonais en étaient il y a un demi-siècle aux plus belles formules du régime féodal. Il a suffi qu'une volonté intelligente ouvrît la porte au capitalisme moderne, qui depuis longtemps louvoyait devant les ports interdits pour que derrière lui pénétrât la plus profonde et la plus rapide des révolutions, révolution pacifique sans doute parce que réalisée d'accord avec le pouvoir, mais révolution cependant. Du régime féodal on a passé au régime parlementaire et constitutionnel, une bourgeoisie capitaliste s'est créée, le commerce, l'industrie se sont développés suivant les procédés de la technique moderne et les mœurs ont été bouleversées de fond en comble, les vieilles croyances ébranlées.

Il n'est pas jusqu'au loyalisme religieux du peuple pour le souverain qui n'ait été profondément atteint.

Le suicide à la mode antique du général *Nogi* lors de la mort du Mikado, a été la dernière et désespérée manifestation du passé aboli. Ce n'était pas seulement un rite atroce et grandiose que ce geste, c'était aussi un symbôle émouvant. On le vit bien quelque temps après, lorsque ceux qui n'avaient pas oublié le vieux régime féodal, tentèrent un retour offensif au pouvoir. L'émeute gronda dans tout le Japon, l'émeute démocratique qui aurait tout emporté si on ne lui avait pas sagement cédé. De la féodalité à une civilisation qui peut différer sur quelques points secondaires de la nôtre, mais qui n'en est pas moins sa sœur jumelle, telle est l'histoire du peuple japonais dans ce dernier demi-siècle.

Mais du point de vue où s'est placé M. Ajam il y a mieux encore, et le suprême argument contre sa thèse, c'est lui-même qui l'indique en passant.

L'Islam, selon lui, voilà le grand obstacle et le Musulman ne renoncera jamais à l'Islam, car il est convaincu que le Coran est un perfectionnement de l'Evangile. Et quelques lignes avant cette déduction à tout le moins hasardée, nous lisons :

« On a dit de la race chinoise qu'elle ne franchirait jamais son point d'évolution parce qu'elle se considérait comme supérieure à la race européenne ».

Il est peut-être exact que ce sentiment, que cette conviction de supériorité ait existé chez les Chinois, mais il est non moins exact que c'est sur la supériorité de leur religion, de leur philosophie religieuse qu'il reposait.

Et certes, il y avait de quoi. « Le Livre des Vers », à coup sûr, ne peut prétendre à être un perfectionnement de l'Evangile, car Koung Fou Tseu lui-même déclare quelque part que c'est aux Ancêtres qu'il emprunte l'enseignement qu'il professe. Ainsi donc la sagesse qu'il distille remonte à cinq ou six mille ans. Et toutes les religions et tous les novateurs religieux sont allés puiser à cette source profonde. On y retrouve quelques-unes des plus admirables leçons du Christ sur l'amour des hommes et l'humilité ; quatre mille ans avant les Droits de l'Homme Koung Fou Tseu avait proclamé le droit sacré à l'insurrection contre l'injustice et la tyrannie du pouvoir. Et le peuple chinois pouvait concevoir quelqu'orgueil légitime à constater que tout progrès des races européennes s'accompagnait toujours de quelqu'emprunt à sa propre morale. Et elle était si prodigieusement forte cette morale, qu'autour d'elle les dieux avaient croulé, les civilisations s'étaient évanouies, mais qu'elle-même demeurait immuable. Il semblait qu'elle eut coulé pour l'éternité ses zélateurs dans un moule d'airain contre quoi rien d'extérieur ne prévaudrait. Les Chinois, enfermés dans l'admirable foyer de vie intérieure et profonde que leur avait créé leur philosophie religieuse ne daignaient point entendre la rumeur du monde, et les grandes forces modernes elles-mêmes doutaient de pouvoir l'ébranler jamais.

Oui, mais, là-bas aussi le capitalisme avait pénétré, de grandes cités industrielles avaient surgi, des chemins de fer labouraient l'Empire jaune (1), et aussi, par l'émigration, des centaines de milliers de Chinois étaient mêlés à la vie moderne européenne. Sous la poussée des forces déchaînées par le Capitalisme européen, de vastes lézardes sont apparues dans l'antique monument. Des hommes qui étaient à la Chine ce que les jeunes Algériens sont à l'Afrique du Nord faisaient entendre des paroles et des réclamations chaque jour plus audacieuses et plus fortes. En vain, le passé se ramassait-il en une suprême résistance dans la révolte des Boxers, il s'est

(1) En 1900, il y avait seulement 252 kilomètres de chemin de fer en Chine.

En 1912, il y en a près de vingt fois plus, soit 4.875 kilomètres. Ces chiffres sont frappants, et ce n'est vraiment pas une image que de dire que c'est sur ces rails que s'est avancée la révolution chinoise.

écroulé d'un seul coup, et le monde en a été si stupéfait qu'il a enregistré l'événement presque sans le commenter, soit qu'il n'en ait pas compris l'incomparable grandeur historique, soit qu'il ait été comme écrasé par cette grandeur même.

Qu'on le veuille ou non, malgré les sourires des sceptiques ou les airs entendus des soi-disants connaisseurs de l'âme chinoise, la vieille Chine immuable, l'inadaptable Chine, disaient les Ajam d'il y a dix ans, est à jamais effacée de l'histoire du monde, quels que puissent être les incertitudes, les revirements, les réactions passagères, car les civilisations, les religions, les croyances des peuples sont comme le cristal; quand on les a une fois brisés on ne les raccommode plus.

Ainsi donc, c'est sur la base économique que se fondent les mœurs, la civilisation en un mot. Du régime de la propriété, des formes que revêt la production dépendent le droit, la morale, les croyances elles-mêmes.

Tous les faits récents viennent à l'appui de la thèse socialiste, dont nous avons ici esquissé le principe de la façon à la fois la plus générale et la plus brève.

Aussi bien il ne s'agit pas de savoir quelle est la capacité d'adaptation d'un peuple ou d'une race à la civilisation moderne, mais bien à quel stade économique il se trouve.

Ce n'est donc que dans la mesure où le mode

le production capitaliste a pénétré chez les Musulmans de l'Afrique que les formes de la civilisation se sont implantées. Ce n'est guère que dans les grandes villes que le capitalisme a pénétré. Mais il n'a que peu appelé les Arabes à participer à sa production. Pour une grosse part, la main-d'œuvre est européenne.

Restent les communes rurales. C'est dans l'agriculture que l'action du capitalisme est à la fois la plus lente et la plus facile à dissimuler. Eh bien, cependant, nous sommes obligés de constater que là aussi, il a fait son œuvre, si nous en croyons le phénomène de concentration vraiment remarquable que nous révèle les statistiques fournies par un rapport de M. Rolland inspecteur de l'Enseignement agricole.

En 1905, la population indigène agricole s'élevait à . . . . 3.308.784 habitants

En 1910, la population indigène agricole s'élevait à . . . . 3.525.520 habitants

       Augmentation. . . . . 216.739 habitants

En 1905, il y avait 565.241 propriétaires hommes

En 1910, — 530.211 —

       Soit une diminution de 35.030 habitants

En 1905, il y avait 488.961 propriétaires femmes

En 1910, — 476.763 —

       Soit une diminution de 12.198 habitants

En 1905, il y avait 406.633 fermiers métayers et Khammès

En 1910, — 426.851 — —

       Soit en plus 20.208 habitants

Ainsi, en cinq ans seulement le nombre des salariés agricoles, en ajoutant les 36.123 journaliers nouveaux aux 20.208 fermiers-métayers et khammès augmente de 56.341, tandis que celui des propriétaires diminue de 47.228. Et M. Rolland ajoute : ceux qui voient leurs terres leur échapper sont de petits propriétaires possédant de 10 à 20 hectares en pays arabe et de 1 à 3 hectares en Kabylie.

Mais, il faut reconnaître à côté de cela que la grande vie industrielle, celle qui transforme vraiment les peuples, n'existe pour ainsi dire pas en Algérie.

Quant à la création d'une bourgeoisie capitaliste indigène, on l'a à peu près rendue impossible par la législation sur l'indigénat. M. Ajam s'étonne d'avoir rencontré des indigènes millionnaires continuant la vie ancestrale, ne mêlant en rien leurs fonds à l'ardent mouvement économique moderne. Mais que peut donc créer un homme qui n'a aucun droit, aucune garantie, aucune liberté. Les régimes tyranniques éclatent sous la poussée du capitalisme qui veut vivre et se développer. C'est preuve qu'ils constituent pour lui un milieu irrespirable. C'est ce milieu qui existe, qui a été créé par nous en Algérie, on le verra dans un chapitre spécial et c'est nous qui, par là, avons empêché le développement économique du monde musulman. Il faut un courage héroïque à un homme pour se lancer dans de grandes entreprises commerciales et industrielles, quand il peut demain par la fantaisie d'un administrateur, par les intrigues d'un concurrent être déporté au loin, sans explication, sans jugement, sans possibilité de défense pour une durée indéterminée.

Mais, cependant, malgré cela, le capitalisme a pénétré. Nous allons plus loin, là où il a touché le monde musulman, il a transformé ses aspirations et ses mœurs. L'ouvrier arabe des villes, le débardeur des ports d'Alger ne pense pas, ne vit pas comme l'homme perdu dans les douars de la Haute Kabylie. S'il ne se mêle pas au mouvement social de ses congénères européens c'est qu'il vit dans la terreur perpétuelle de la répression administrative.

Il y a dans la thèse arabophobe une contradiction monstrueuse. D'une part on affirme l'incapacité où est le monde musulman de se mêler à notre civilisation et d'autre part on s'indigne, on dénonce comme un péril redoutable ceux-là mêmes qui connaissant cette civilisation, y conformant eux-mêmes, quoi qu'on prétende, leur propre existence, en réclament le bénéfice pour eux et leurs congénères.

Une poignée d'intellectuels, dit-on. C'est vite jugé, trop vite. Si cette poignée n'avait pas derrière elle les aspirations réelles de masses profondes, elle ne serait point le péril que l'on dénonce. Mais même s'il n'y avait que poignée, cette poignée prouverait encore que là où le milieu économique moderne existe, là où les indigènes musulmans y ont pu être mêlés, ils ont du coup adopté les formes de la civilisation moderne.

*
* *

A lire les propos de M. Ajam, les Musulmans, ceux qu'il appelle les jeunes Algériens se sont un peu étonnés. Eh quoi, disaient-ils, il a vu les Préfets, les Sous-Préfets, les Administrateurs et tout ce qui de près ou de loin touche à l'administration, mais nous il ne nous a pas vus. Il a entendu tous nos adversaires surtout les pires, mais il ne nous a pas écoutés. Il nous a méconnus parce qu'il ne nous connaît pas. Son œuvre est une erreur, faute de documentation.

C'est là une grave illusion. Elle honore peut-être ceux qui la professent, mais elle est un peu naïve.

Un homme comme M. Ajam, d'une intelligence lucide et avertie, qui exerce une réelle influence sur l'orientation économique du parti radical et du Parlement, ne commet point de telles bévues.

S'il s'est rallié à la politique de domination, de tyrannie et de servitude qu'il préconise, c'est qu'il avait des raisons sérieuses, et s'il essaie de l'étayer sur l'infériorité de la race arabe, c'est sans grande conviction. Il est peu de Français qui soient disposés à admettre une semblable thèse; si je me suis quelque peu attardé à la combattre et à la ruiner, c'est qu'il ne faut pas permettre à de telles doctrines de prendre pied dans notre pays; c'est aussi, surtout, que constituant le seul argument avouable de M. Ajam et des Arabophobes, elle laissera, une fois disparue, apparaître le vrai problème, et elle nous permettra sans vain détour, de la prendre corps à corps et de l'examiner dans son ensemble.

Il dépasse les limites du monde musulman. Il concerne toutes nos colonies et l'avenir humain lui-même. Il serait puéril de prétendre l'approfondir ici dans toute son immense donnée. Nous n'en pourrons qu'esquisser quelques lignes générales, qu'entr'ouvrir quelques perspectives. Ce sera la matière de la dernière partie de ce travail.

La véritable raison, elle apparaît sans cesse à travers les lignes, elle revient comme sa constante préoccupation à tous les chapitres de son livre et ce n'est point qu'il croit à l'inadaptabilité du monde musulman, c'est au contraire qu'il redoute de le voir trop tôt paraître sur la scène du monde pour y jouer son rôle et qu'il s'épouvante des conséquences de ce rôle.

Quand les Musulmans auront la liberté politique, s'écrie-t-il quelque part, ils nous jetteront à la mer. Et cette crainte, cette terreur, elle

éclate à toutes les pages, elle domine toutes ses
préoccupations en face de chaque problème
qu'il examine. C'est elle qui trouble sa vision et
qui la fausse. Et comme il ne veut pas que la
France soit jetée à la mer, comme il est un de
ces politiciens bourgeois qui déclarent hautement qu'ils veulent vivre pour le présent, qu'il
appartiendra à l'avenir de se débrouiller, qu'il
est un des hommes de cette classe à qui désormais toutes les perspectives, tous les horizons
un peu vastes sont interdits, parce qu'ils sentent
obscurément que l'avenir ne leur appartient pas,
c'est à parer immédiatement ce péril qu'il
songe, c'est d'écarter ce danger qu'il voit
que notre politique de coercition et d'écra-
sement a créé qu'il se préoccupe. Et sans se
demander ce que durent dans les temps où nous
vivons les œuvres bâties sur la force brutale et
la violence, c'est à la force qu'il demande le
salut; son patriotisme apeuré demande des
canons, des baïonnettes, une armée de nègres
dirigée contre les Arabes, pour se rassurer. Il
ne veut même pas que les Musulmans puissent
conserver quelqu'espérance de libération possible
pour plus tard; il proclame : « Un système qui
« sans oser donner immédiatement aux indigènes
« la liberté et l'égalité politiques les leur
« promet cependant d'une manière confuse, est
« forcément plein d'autant de dangers qu'il est
« plein de contradictions ».

Il les proclame à jamais parias de l'humanité;
il barre pour eux l'horizon; il interdit à la loi
de l'évolution de fonctionner.

C'est une politique, et le vrai problème c'est
de savoir ce qu'elle vaut en face des perspectives
qu'aperçoit M. Ajam. Nous avons déjà dit que
nous l'examinerions et que nous en proposerions
une autre à la fin de ce travail.

Supposons pour le moment que cette conception qui a le mérite d'être franche, d'être nette,
de n'être pas comme la politique suivie jusqu'à
ce jour par l'Administration faite de concessions
à toutes les tendances, et par suite pleines de ces
contradictions que M. Ajam dénonce non sans
raison, oui, supposons que cette conception
vienne à triompher.

Demain sur tout le vaste monde musulman de
l'Afrique du Nord, sur cet immense empire qui
est déjà nôtre, la terreur et la force vont régner.
Finies les aspirations libérales, anéanties les
chimères métaphysiques qui ont pourtant ce
mérite qu'un homme préoccupé du seul présent
ne devrait pas méconnaître de bercer les impa-
tiences des peuples; une armée nègre venue du
fond de l'Afrique a occupé tous les points stra-
tégiques; les canons sont braqués sur les douars;
une loi de fer implacable régit les indigènes. La
force, partout la force.

Oui, mais il y a des Musulmans ailleurs qu'en
Afrique du Nord. Il y en a en Égypte, en Tur-

quie, en Arabie, en Perse, aux Indes et nous sommes à une heure où ce vaste monde endormi est tout entier agité, secoué par le grand frisson du réveil. Une immense aspiration l'agite et l'ébranle.

Oui, mais en Afrique du Nord, il y a des gens, des milliers et des milliers d'hommes que hante le grand rêve de la liberté et de la vie moderne; oui, mais il y a la vie elle-même qui continuera, il y a les grandes forces sociales qui s'agiteront, qui remueront, qui grandiront, il y a tous les grands souffles d'émancipation prolétarienne et humaine qui passeront plus haut que les tyrannies, que les dominations, que les canons et les baïonnettes nègres.

Alors quand tout cela viendra battre le grand et orgueilleux monument élevé par M. Ajam, est-ce que d'en haut, de la cîme où il sera, il n'entendra pas l'écho des formidables écroulements de l'histoire moderne résonner dans ses murailles!

Islam, Panislamisme
et
Nationalisme musulman.

L'Islam, voilà l'invincible obstacle, le Panislamisme voilà le redoutable péril! Ainsi parlent les adversaires des indigènes. Et qu'un Français de France, parlementaire ou non, s'avise de s'en remettre à eux du soin de lui révéler l'Afrique musulmane du Nord et il sera démontré une fois de plus que le continent noir n'est pas en vain la terre des mirages, et qu'il n'est nul besoin de s'aventurer à travers les sables brûlants du désert pour en apercevoir de prestigieux.

Mais il serait singulièrement dangereux à l'heure où la France devient une des plus grandes puissances musulmanes du monde que ce fut un mirage qui inspirât sa politique coloniale africaine à l'égard des indigènes.

Avant d'examiner d'un peu plus près le problème ainsi soulevé, à la fois religieux et politique, peut-être convient-il de rappeler encore que l'immense majorité des populations d'Algérie n'est pas d'origine arabe mais bien constituée par des éléments autochtones, ayant subi les invasions et auxquelles l'Islamisme a été imposé à une époque assez peu éloignée, historiquement parlant. Il y a là un élément d'appréciation psychologique qui n'est pas sans importance lorsqu'il s'agit de discuter les affirmations de ceux qui proclament infranchissable l'abîme qui sépare notre civilisation de l'âme islamique.

On a dit : le musulman méprise le chrétien, parce qu'il considère sa religion comme supérieure. Ce n'est pas ici le lieu de faire un cours de religions comparées, mais il ne faut pas non plus laisser passer sans les relever toutes les sottises qui se débitent sur les religions différentes de la nôtre. Nous aussi nous avons été formés à cette même école du mépris pour les autres religions et nous avons été plus loin infiniment dans cette voie. Aujourd'hui même que la France est déchristianisée au point qu'il n'y ait, — de l'aveu même des intéressés, — guère plus de quatre millions de catholiques pratiquants, nous avons gardé cette mentalité du mépris *à priori* pour les croyances qui nous sont étrangères.

Or, l'Islamisme dans ses dogmes et dans ses rites n'est pas plus ridicule que n'importe quelle autre religion. Dieu pour lui ne s'est jamais fait homme et ceux qui furent à travers

l'histoire humaine de grands conducteurs religieux n'étaient, qu'ils s'appellent Christ ou
Mahomet, que de grands inspirés du souffle de
Dieu. En interdisant la reproduction de la figure
humaine, Mahomet a évité à l'Islam l'idolâtrie
des statues de plâtre si grotesquement inesthé-
tiques et des médailles fétichistes. En imposant
des ablutions quotidiennes, il a fait perdre
Saint-Labre à l'Islam, mais il lui a acquis l'estime
des hygiénistes modernes; et pour avoir interdit
l'alcool a ses sectateurs il a bien mérité de la
Ligue anti-alcoolique et de l'Académie des
Sciences morales et politiques. Et si l'on objecte
que sur ce dernier point il est bien tombé en
désuétude, il est aisé de répondre que c'est le
sort des religions de s'en aller et de mourir
comme toutes les choses ici-bas, et qu'il est plai-
sant d'entendre des positivistes les proclamer
un obstacle infranchissable et que c'est une révélation qui apparaîtra éblouissante à quiconque
s'en ira à Alger, contempler sur la place du
Gouvernement, les indigènes en burnous, coudoyant les Européens en veston.

Et non seulement, dit-on, le Musulman nous
méprise, mais encore il ne nous saura jamais
aucun gré de tout ce que nous pourrons faire
pour lui, car il ramène dans son esprit le mérite
de tout à Dieu et du bien que nous lui ferons il
remerciera Dieu de nous l'avoir inspiré et non
pas nous de l'avoir fait.

Que voilà encore une chose bien nouvelle et qui nous est bien étrangère. Où et quand a-t-on vu une religion monothéiste qui n'ait pas pour corollaire la suprême puissance de son Dieu. Et n'avons-nous donc jamais dans nos églises chrétiennes entendu proclamer que rien n'arrivait sans la volonté de Dieu et que si un bonheur nous advenait il en fallait remercier Dieu, et que si au contraire c'était un malheur il y fallait voir le doigt de ce même Dieu en fureur.

N'est-ce pas cela ramener aussi tout à Dieu, que ce soit le dieu des Chrétiens ou le dieu de Mahomet.

Lorsque nos généraux et nos soldats nous ont gagné une victoire, l'usage ne fut-il pas à travers notre propre histoire d'aller immédiatement en reporter le mérite sur Dieu et de le remercier gentîment de nous avoir permis de violer le fameux commandement : « Tu ne tueras pas », en lui chantant un petit *Te Deum* bien solennel.

Mais quand cette humiliation devant la puissance divine nous a-t-elle empêché toute autre reconnaissance plus humaine et plus tangible? Après le *Te Deum*, nous donnons aux généraux de belles rentes et aux soldats plus ou moins amputés, une belle médaille en pur bronze avec une belle gravure à l'emporte-pièce et un joli ruban de couleur.

Il en est absolument de même chez les Musulmans, **car si un seul instant** cette thèse était vraie, elle supposerait un complet amorphisme psychologique et l'absence de reconnaissance aurait pour corollaire immédiat l'absence d'esprit de vengeance. Si c'est Dieu qui est responsable du bien qu'on vous fait, il l'est aussi du mal et de quel droit un vrai croyant se vengerait-il de l'instrument de Dieu.

Or, justement ce que l'on reproche aux indigènes, c'est leur esprit vindicatif qui ne laisse passer aucune injure sans chercher à s'en venger cruellement.

Il ne faut peut-être pas s'en plaindre, car c'est beaucoup plus l'idée de vengeance que celle de reconnaissance qui est la sœur de l'idée de justice.

Une simple anecdocte, mais entourée de circonstances qui la rendent particulièrement typique, montrera mieux que tous les raisonnements ce qu'il y a de faux et d'absurde dans cette prétendue *ingratitude islamique* des Musulmans.

Dans un article paru en décembre 1912 dans la *Revue politique et parlementaire* : Nos provinces du Nord-Afrique » M. Ed. de Warren raconte :

« Il n'est pas jusqu'à la « Croix Rouge » qui
« n'ait introduit plus de charité et plus d'hygiène
« dans cette rude population. Les habitants de
« Tunis peuvent se rappeler l'émotion que causa

« dans la cité arabe chez quelques fanatiques du
« Croissant, l'application de la « Croix Rouge »,
« emblème de la société française de secours aux
« blessés militaires, sur la porte de notre premier
« Dispensaire, voisine de celle du Scheik-ul-Islam.

« Quelques mois après, le vénérable Scheik lui-
« même devenait l'un de nos meilleurs amis. Et
« maintenant cette même Croix-Rouge est reçue
« avec joie et respect, quand elle apparaît dans
« les gourbis, sur la coiffe ou le brassard de
« nos infirmières. Au moment des émeutes de
« novembre 1911, provoquées par les excitations
« de la guerre italo-turque, j'avais eu quelques
« craintes pour nos Dames de la « Croix-Rouge »
« dont le Dispensaire est au cœur du quartier
« musulman. Elles durent quitter une journée,
« à leur grande indignation du reste, leur cher
« Dispensaire.

« Un vieux voisin arabe le reprochait quel-
« que temps après à la Directrice : « Comment
« as-tu pû craindre? Tu sais bien qu'en cas de
« danger nous t'aurions cachée et protégée
« avec nos femmes. »

Quand on y regarde d'un peu près, on a vite
fait de s'apercevoir qu'il en est de même de
tous les crimes dont on charge l'Islam et qu'il
ne faut point imputer à une doctrine religieuse,
ce qui n'est que le fait de la nature humaine.

Moins que les religions d'Europe, l'Islam est
responsable des sentiments qu'on l'accuse

d'avoir inspirés. Toutes les religions ont proclamé la nécessité de se résigner à la volonté de Dieu. Mais qu'il s'agisse des Musulmans, cela devient aussitôt un fatalisme père de toutes les impuissances. Ce qui ne les a jamais cependant beaucoup empêché d'agir. Et, d'autre part, on oublie un peu trop qu'au fond de ce fatalisme il y a beaucoup plus une mentalité de vaincus conscients de leur faiblesse, qu'une mentalité d'abrutissement religieux.

Et même si cela était, pourquoi n'accablerait-on pas des mêmes anathèmes la vertu résignation devenue en passant la mer, le vice fatalisme.

Quand les ignorants parlent « Islam », il y a toujours un mot qui accompagne celui de fatalisme, c'est celui de fanatisme.

Voilà encore un des éléments qui, au dire des Arabophobes, empêcheront à tout jamais les Musulmans d'atteindre aux rives de la civilisation moderne. Et l'on oublie les Croisades pour ne parler que de la Guerre Sainte, on ne se souvient plus des croix posées sur les armures pour ne se rappeler que le fameux drapeau vert du Prophète. Or, peu de religions ont fait montre d'un plus large esprit de tolérance que l'Islamisme.

Sur ce point, le Christianisme aurait tout à apprendre des enseignements de Mahomet.

L'Islam n'a pas connu, quoi qu'on en ait dit, ce prosélytisme farouche qui donnait à choisir

entre la vie et l'apostasie. Il n'a eu ni les auto-
dafés, ni l'Inquisition. Le passage des Maures
en Espagne est là pour le prouver.

Et ce fut logique, car le Paradis de Mahomet
n'est pas fermé aux autres croyants. Ecoutez
parler le Coran :

« Certes ceux qui croient, ceux qui suivent la
religion juive et la chrétienne, en un mot quiconque croit en Dieu et au jour dernier, et qui
aura fait le bien, tous ceux-là recevront leur
récompense du Seigneur » (*Coran*, Ch. ii,
Verset 59).

Hors de l'Islam, le salut est possible !

Dans les mosquées on commente et on vénère
trois livres sacrés : Le Pentateuque, l'Evangile
et le Coran !

Il est même assez curieux de rappeler ici que
les Arabes furent toujours respectueux du
tombeau du Christ à Jérusalem. Ce sont les
Turcs qui, après la conquête temporaire de cette
ville, molestèrent les pèlerins de la Chrétienté
et suscitèrent les Croisades, ou du moins les
premières, car les autres ne furent guère inspi-
rées par des mobiles religieux. Ainsi ce n'est
pas l'Islam ici qui se montra intolérant, c'est
un peuple, une race et cela n'a rien à voir
avec l'esprit de l'Islam. Ce qui a permis
peut-être la confusion, c'est qu'entre temps les
Turcs ayant été chassés, les Croisés trouvèrent
devant eux les Arabes et ce furent ces derniers

qui supportèrent le poids d'une expédition qui n'aurait dû nullement être dirigée contre eux.

Ainsi, sur ces points essentiels, l'Islamisme ne mérite aucun des reproches que lui adressent à la fois ses ennemis et ceux qui en parlent tout en l'ignorant, mais encore il n'est pas téméraire d'affirmer qu'il se concilie parfaitement avec tous les sentiments et toute l'idéologie de la civilisation moderne.

Mahomet a proclamé que tous les hommes étaient égaux, non seulement devant Dieu, mais encore entre eux. Il a repris à son compte la parole que le Christ avait lui-même apprise des grands philosophes religieux de l'Asie : « Rends-le bien pour le mal ». Il a hautement affirmé les principes de fraternité humaine :

« Il faut secourir les parents, les proches, les orphelins, les pauvres, les voyageurs, etc. Le bien que vous ferez sera connu de Dieu. » (*Goran*, Ch. xi, Verset 212.)

La charité n'est pas seulement une prescription *ad libitum*; elle est une loi, elle représente 2 et 1/2 p. 100 de la valeur des biens meubles.

Tout comme les premiers Pères de l'Eglise, Mahomet avait interdit le prêt à intérêt.

Tout cela n'est guère pratiqué, dira-t-on. Eh, sans doute! Mais alors n'accusez pas l'*inadaptable* Islam; n'accusez que les hommes.

Toutes les religions en sont là.

Il y a, avons-nous vu, quatre millions de

catholiques pratiquants en France. Eh bien, sur ces quatre millions, combien y en a-t-il qui pratiquent dans toute leur teneur les principes de l'Evangile? Pas un, sur dix mille.

Demandez donc au grand catholique Sartiaux de la Compagnie des Chemins de Fer du Nord comment il a pratiqué le pardon des offenses à l'égard de *ses* cheminots révoqués pour faits de grève.

Imagine-t-on un grand usinier très chrétien s'avisant d'aimer ses ouvriers comme lui-même et s'attribuant pour lui et sa famille les 20 francs par semaine que gagnent certains tisseurs des usines du Nord! Les conditions sociales ne le permettent pas. Ce ne sont toujours pas les socialistes qui le contestent, eux qui n'accusent pas les hommes, mais les choses. Mais alors peut-être faudrait-il voir si tout ce dont on accable l'Islam n'est pas le fait de conditions sociales et de circonstances qui lui sont étrangères, et si au fond des guerres saintes comme de l'esclavage ou de la polygamie qu'on lui reproche encore il n'y avait pas ou des ambitions ou des nécessités vitales de peuples qu'il a ucovertes tout comme les « Voix » de Jeanne d'Arc ont servi à sonner le réveil de la France qui ne voulait pas mourir, ou bien encore des conditions économiques et sociales qu'il n'a pas créées, mais qu'il a dû subir, auxquelles il a dû s'adapter sous peine de ne pas être, mais qui ne sont pas de son essence, et de son « âme ».

Non, encore une fois, ce ne sont pas les religions qui façonnent l'âme et la mentalité des hommes, c'est avant tout les circonstances économiques au milieu desquelles ils évoluent.

*
* *

L'histoire de la pénétration et de la conquête par l'Islam du continent noir est un des exemples les moins connus, mais cependant les plus typiques de cette grande loi du « Matérialisme historique » dégagée par le Socialisme moderne.

L'Islam renouvelle ici à 16 ou 18 siècles de distance, l'histoire même du développement du Christianisme dans le monde antique.

C'est l'esclavage qui a fourni à l'Evangile des millions d'adeptes, l'esclavage condition de vie et de progrès d'une société qui ignorait le machinisme. Déjà sans doute les philosophes avaient fait entendre des paroles de douceur et de bonté, et pour la multitude des asservis une petite lueur brillait; mais le Christianisme, la parole d'égalité et de fraternité, ce fut soudain la grande clarté qui cristallisa toutes leurs aspirations vers la liberté et leur soif de justice.

Enchaînés en ce monde, ils seraient libérés dans l'autre, ils allaient devenir les égaux, plus peut-être, de leurs maîtres orgueilleux.

Et tous les humbles, tous les écrasés, tous les

serviteurs embrassèrent la croyance nouvelle. La lutte de classes pour une heure se tourna vers le ciel.

Ce fut même la qualité de ses adeptes qui retarda la pénétration du Christianisme dans les hautes sphères de la société antique, bien plus que la menace qu'il contenait pour les riches et les privilégiés. Les lettrés, les esprits cultivés — et de quelle culture ! — méprisaient la religion de ces gens de rien qui écrivaient sans art et sans souci des lois de la rhétorique. La grossièreté des premiers chrétiens leur cacha la grandeur morale de la doctrine. Ce ne fut que des siècles plus tard, que les Minucius Félix, les Paulin de Nole et d'autres, comprenant instinctivement que rien ne devait être étranger à une religion qui aspirait à la domination universelle, s'efforcèrent par leur propre exemple de rattacher la pensée chrétienne aux formes diverses de la culture antique. Quand devenu universel le Christianisme ne put plus être le terrain de lutte de la classe des esclaves et des humbles, il tomba tout naturellement entre les mains des classes dirigeantes au pouvoir, qui en firent, non moins naturellement, un instrument de lutte et de domination dans la bataille des classes se continuant sous d'autres formes.

C'est à peu près ce qui se passa — avec le problème de la culture en moins — au Continent noir.

L'Islam trouva ses adhérents dans les milliers

d'esclaves possédés par la noblesse nègre et les féodaux de là-bas.

L'abandon du fétichisme, — religion si l'on peut dire, de l'aristocratie nègre — fut une sorte de revanche pour les esclaves, un agrandissement de leur personnalité qui les relevait à leurs propres yeux. Le fétichisme n'est pas à proprement parler une religion. Il n'a pas de dogmes, il ne s'essaie à aucune explication systématique de l'univers, ni même à une explication partielle des phénomènes. Il se contente, ou à peu près, de diviser toutes choses en bonnes ou mauvaises, cherche à se concilier les bonnes et à éloigner les mauvaises. L'Islam ne rencontra en lui aucun obstacle. Il fut au contraire adopté d'enthousiasme par les humbles, qu'il élevait dans l'échelle de la connaissance en leur apprenant la cause des choses bonnes et mauvaises et qu'il grandissait démesurément en leur permettant, à eux les esclaves, le vil bétail humain, de se hausser jusqu'à la divinité suprême et de s'entretenir avec elle par la prière.

Et puis l'Islam proclamait la fraternité. Il ne leur était point désagréable de redire avec Mahomet ce précepte du Coran : « Quand un de tes esclaves te demandera la liberté par écrit, tu la lui donneras, en y ajoutant une partie des biens que le Seigneur t'a prodigués. » — Par lui encore ils apprenaient que les hommes étaient égaux devant Dieu et entre eux. Ainsi, ce sont les conditions sociales déterminées par les conditions de la production, comme on va le voir — qui ont créé le milieu de développement de l'Islam.

Mais une religion est impuissante à créer une situation sociale, il lui faut s'y adapter ou renoncer.

Or les conditions de la production exigeaient deux choses sur le Continent noir : l'esclavage et la polygamie. L'esclavage, parce que toute richesse étant en terres, les grands seigneurs nègres ne pouvaient la faire cultiver que par des esclaves nombreux; la polygamie pour des raisons plus nombreuses dont on peut citer deux. D'abord la nécessité d'avoir beaucoup d'enfants qui constituent une richesse. Comme les nègres n'ont aucuns rapports avec leurs femmes pendant la grossesse et l'allaitement, il s'ensuit que chaque femme nègre ne peut être mère qu'une fois tous les cinq ans.

Ensuite les difficultés et les complications de la vie quotidienne. Le blé est toujours gardé en grains pour en rendre plus difficile le pillage en cas de razzia. En outre, il faut dans ces pays dépourvus de facilités souvent une journée pour se procurer du bois ou de l'eau. De là, la nécessité de plusieurs femmes pour tenir le ménage.

Telles sont les raisons économiques qui avaient créé le milieu que l'Islam rencontra et auquel il dut se plier bon gré, mal gré. Après avoir pro-

fité pour son développement de la lutte des
classes entre féodaux et esclaves, il s'adapta
aux conditions de son milieu nouveau contre
lesquelles il avait d'abord servi de protestation
et progressa rapidement.

De vastes confréries se créèrent, de riches et
renommés marabouts étendirent leur influence.

Aussi lorsque nous nous avançâmes dans ces
régions, il arriva souvent que nous nous heur-
tâmes aux situations acquises, aux privilèges
établis. Nous ne nous bornions pas à proclamer
comme l'Islam l'égalité théorique des hommes,
nous la pratiquions en droit. Nous avons brisé
le pouvoir des castes guerrières, organisé
l'impôt sur des bases qui ruinaient l'ancienne
méthode, au grand détriment du parti mara-
boutique; nous avons ouvert les routes, élargi
les horizons et par là diminué l'emprise religieuse.

Alors, toutes les forces de conservation se
sont dressées contre nous. Il s'était passé pour
l'Islam ce qui s'est passé pour le Christianisme. Il
avait été une force révolutionnaire à ses débuts,
mais il s'était transformé rapidement en un élément puissant de conservation. Le contenu
révolutionnaire des religions n'est jamais qu'i-
déologique. Les privilégiés s'en aperçoivent
vite. Ils s'y rallient et les utilisent au profit de
leurs intérêts. L'Islam apparut alors souvent
dressé contre nous. Mais, en vérité, l'Islam ne fut

jamais que le prétexte; derrière, il y avait les intérêts sociaux compromis ou se croyant compromis, et c'étaient eux en réalité que nous trouvions en face de nous.

C'est à cela, un simple rideau, que se réduit l'Islam, transformé par les Arabophobes en un infranchissable obstacle.

C'est une conclusion de l'incursion que nous sommes allés faire dans le monde noir, contrefort de l'Islam.

Il en est une autre qui se dégage lorsqu'on remarque que l'Islam a partie gagnée dans la Mauritanie, le Fouta-Djallon, la Guinée, le Soudan, etc.; c'est qu'elle est bien plaisante l'idée de M. Ajam de faire garder les Musulmans algériens pour nous protéger contre les périls de l'Islam par une armée de nègres... musulmans!

*
* *

Tel est l'Islam. Une religion comme toutes les religions dites supérieures. Il a, à sa base, des principes moraux élevés. Comme toutes les religions encore, il cherche à étendre son influence. Comme tous les organismes vivants, il lutte pour se maintenir.

Il a ses fidèles sincères; il a aussi ses profiteurs, ceux qui l'exploitent pour en vivre, ceux qui s'en servent comme d'un instrument de conquête ou de pouvoir, et ce point-là nous mène tout naturellement à la seconde Partie de ce chapitre : le Panislamisme.

Mais encore une fois qu'on ne nous montre pas l'Islam comme un obstacle insurmontable.

Et d'abord, qu'avons-nous donc fait pour le surmonter? Il faut bien le dire : absolument rien. Ce qui a été fait l'a été par la force des choses, par les conditions de vie nouvelle que nous avons créées et qui ont — quoi qu'on en dise — modifié profondément la mentalité des indigènes dans tous les centres importants.

Il n'est pas téméraire d'affirmer que dans les grandes villes d'Algérie et de Tunisie, c'est souvent la majorité des indigènes qui est débarrassée de tous les principes et de tous les préjugés religieux. Que l'on aille donc compter à Alger ou à Tunis les indigènes de la jeune génération qui s'abstiennent, par exemple, de boire du vin ou qui pratiquent le Ramadan?

Mais, nous, encore une fois, loin de tenter quoi que ce soit pour diminuer — sans heurter les croyants, — la puissance de l'emprise religieuse, nous avons tout fait pour la maintenir, l'accroître et la fortifier. Ceci à tel point que des écrivains tant français qu'algériens, ont pû écrire que, depuis la conquête, les indigènes avaient été soumis par nous à une islamisation à outrance, à l'heure même où ils commençaient à se détacher d'une religion qui, somme toute, leur avait été imposée.

C'est que le génie de nos hommes d'État algériens ne s'est jamais haussé au delà de cette forme d'intelligence qui se nourrit de souvenirs et de précédents.

Parce que Napoléon Ier avait imaginé de faire, avec le Clergé catholique, ce qu'il appelait sa Gendarmerie morale, on a pensé en faire autant en Afrique du Nord. Copier servilement l'histoire, c'est toujours se tromper, parce qu'on ne retrouve jamais ni des situations, ni des conditions identiques. C'est nous, là-bas, qui entretenons à nos frais la religion, ses mosquées et ses imans. On ne construit pas assez d'écoles faute de ressources, mais on élève des mosquées superbes (1).

Lorsque nous examinerons la question de l'Enseignement, nous verrons à quel point et sous quelles suggestions abominables nous avons été sur ce chapitre au-dessous du premier

---

(1) Obligée d'opter, l'Administration algérienne s'est prononcée pour la politique d'immobilité. Elle ne l'a sans doute pas fait avec réflexion, mais un très sûr instinct l'a avertie qu'il y avait incompatibilité entre le relèvement intellectuel des indigènes et le maintien des privilèges qui pèsent sur eux. C'est ainsi qu'elle est devenue une zélatrice déclarée du culte musulman. Tandis qu'en France l'État se proclamait neutre en matière religieuse, on l'a vu essayer d'introduire dans les écoles primaires des talebs pour enseigner le Coran, faire une part dans les mêmes écoles à l'enseignement de la langue du Coran, l'arabe littéral, bien qu'il ne soit d'aucun usage pratique, créer dans les principales mosquées des Mouderrès chargés de l'enseignement religieux, continuer l'enseignement scolastique musulman traditionnel dans les Méderças.

Le Temps, mai 1912.

de nos devoirs. On n'a presque rien fait pour les femmes, par exemple.

En un mot, on a négligé le grand instrument de libération des esprits.

En revanche, nous avons gorgé d'honneurs les marabouts et les grands chefs, ces fameux *Beni Oui-Oui*, chers à l'Administration, que nous avons pensé à transformer en instruments de domination à notre service sans voir que ces asservis méprisables seraient les premiers à nous trahir le jour où ils y trouveraient quelqu'intérêt.

*
* *

Aussi à y regarder d'un peu près, l'Islam et ses fidèles apparaissent bien différents de la conception que s'en fait la masse des Européens, grâce à la légende, au recul du lointain et à nos traditions religieuses. Il n'est, à tout prendre, qu'une religion comme toutes les religions, ni meilleure ni pire, et ses fidèles sont comme tous les fidèles, travaillés eux aussi par le virus du scepticisme et de la désaffectation.

Le mirage du Panislamisme ne résiste pas davantage à un examen tant soit peu approfondi.

Qu'on l'approche et il s'évanouit.

Du fond des déserts, des bords de l'Asie, voici les hordes musulmanes debout. Le drapeau vert du Prophète étend sur elles ses larges

plis. Une longue et sauvage clameur de guerre
sainte monte vers le ciel où brille un Croissant.
C'est la grande ruée contre le monde Chrétien.
Réveille-toi, vieille Europe; du fond des temps
passés surgit l'ombre des grandes invasions!...

Mais non, ce n'est qu'une fantasmagorie
bonne tout au plus pour un théâtre d'ombre.
Lorsque, dans un instant, on aura tourné le com-
mutateur, il n'y aura plus dans l'air que la
vibration des dernières notes d'un poème
musical à la manière de Fragerolles.

⁂

Ce qui distinguerait le Panislamisme de tous
les autres *Pan* qui s'agitent par le monde :
panaméricanisme, pangermanisme, panslavisme,
sans compter le panitalisme, qui puise ses droits
dans l'acte de naissance de Romulus, c'est qu'il
ne se proposerait pas la réunion sous le même
drapeau des éléments épars d'une même race,
mais bien de tous les croyants d'une même
religion.

Le Panislamisme, s'il existe, s'il a une doctrine, s'il a un but et une logique, ne peut se
proposer comme idéal à atteindre que la réunion
sous le même pouvoir temporel et religieux de
tous les peuples musulmans qui évoluent entre
les bords du Gange et Tanger.

Si insensée qu'apparaisse une telle conception,

les adversaires des Musulmans, comme nous le verrons, n'hésitent pas non seulement à la donner comme vraisemblable, mais même à l'affirmer comme certaine.

Il n'y a que deux formules qui permettraient de réaliser cet idéal : ou la coalition sous un même chef de toutes les forces religieuses de l'Islam ou la coalition de tous les Etats musulmans.

Examinons l'une et l'autre hypothèse.

Pour grouper, pour unifier toutes les forces religieuses de l'Islam, il faut un chef reconnu, une autorité incontestée, un Pape de l'Islam, proclamé tel par tous les sectateurs de Mahomet.

Ce chef religieux existe-t-il, peut-il même exister en fait? Il faudrait bien mal connaître l'Islam pour répondre par l'affirmative.

Un seul homme semblerait pouvoir prétendre à ce titre, le Sultan de Constantinople, le Commandeur des Croyants, mais la réalité est bien loin de la prétention, car jamais à travers l'histoire, l'Islam ne le lui a reconnu. Le dernier des quatre Khalifes, qui ait porté régulièrement ce titre, est mort en 661! Depuis, tous ceux qui l'ont pris, que ce fussent les Omméiades, les Abassides, les Fatimites et enfin les Osmanlis, sont considérés avec raison comme des usurpateurs par les vrais croyants. Pour étayer sa domination religieuse, il faudrait au Sultan de Constantinople une formidable puissance politique. Or, depuis un siècle, il est allé de déchéance en déchéance. Ce furent l'Algérie et la Tunisie qui lui échappèrent d'abord. L'Egypte a suivi, puis la Tripolitaine, et hier encore les récents revers de la guerre balkanique.

Il est inutile d'envisager aujourd'hui la candidature historiquement justifiée des Sultans du Maroc, et il ne reste plus comme candidat sérieux que le Grand Chérif de la Mecque!

Mais comme ce dernier se trouve à titre de chef temporel de l'Hedjaz, sous la suzeraineté du Sultan de Constantinople, on voit tout de suite à quel obstacle se heurtent ses prétentions.

Cependant, pour les Musulmans, il est le seul grand Khalife possible, et jamais les Sultans de Constantinople n'ont osé aller à la Mecque, faire légitimer par celui-là seul qui le pourrait, leur titre de Commandeur des Croyants. Ainsi au premier examen de la question, apparaît tout d'abord l'impossibilité de grouper sous un même chef spirituel toutes les forces religieuses de l'Islam, celui qui se proclame tel n'étant pas reconnu par les fidèles et celui qui pourrait être reconnu étant à jamais incapable de faire valoir ses prétentions. Mais si des hauteurs de la hiérarchie islamique nous descendons dans la foule des Croyants, le désaccord et la désunion sont encore bien plus accentués. Entre les chefs religieux d'abord, entre les confréries ensuite, il y a des rivalités et des antagonismes insolubles. Chaque chef, chaque confrérie est en lutte ouverte avec les autres, lutte d'influence et de domination qui se double d'une lutte pour la richesse. Qu'un chef religieux grandisse, qu'une confrérie s'étende, c'est forcément aux dépens des autres. De là, des rivalités et des jalousies qui font que si l'unification religieuse de l'Islam est, comme nous l'avons vue, irréalisable par en haut, elle ne l'est pas davantage par en bas.

La seconde hypothèse d'une coalition des Etats Musulmans supposerait qu'il existe des Etats Musulmans indépendants. En dehors de la Turquie démembrée, nous n'en apercevons guère. Mais les Arabophobes ne s'embarrassent pas pour si peu. Et c'est autour de cette Turquie démembrée ou plutôt autour d'un Parti politique turc, le Parti Jeune-Turc, qu'ils imaginent groupées toutes les forces religieuses de l'Islam pour des fins panislamiques.

On pourrait peut-être leur objecter que le Parti Jeune-Turc, qui n'a pas réussi à convaincre encore tous les Turcs de Turquie, aura beaucoup de mal à convaincre tous les Musulmans du monde; ils ne voudraient rien entendre et c'est le cas de citer ici intégralement la page où, dans son livre, l'honorable M. Ajam sonde le cœur et les reins du péril panislamique.

« C'est dans le cerveau jeune-turc, écrit « M. Ajam, que s'est réveillée l'idée du Panis-

« lamisme. A la Turquie affaiblie et encerclée,
« les Musulmans instruits ont voulu substituer
« un véritable empire ottoman unissant en un
« faisceau depuis Bagdad jusqu'à Tanger toutes
« les forces de l'Islam. Le plan était audacieux
« et gigantesque ; il a cependant été entrepris. Il
« aboutissait à la libération de l'Egypte, à notre
« expulsion d'Algérie et de Tunisie, au main-
« tien de la domination musulmane au Maroc.
    « Ce plan, le Kaiser l'adopta. Il n'avait pas
« d'ailleurs besoin pour le comprendre d'être un
« homme de génie. C'était enfantin. Flatter
« l'orgueil turc, lui permettre la reconstitution
« de cet Islam qui avait tenu au XIIIe siècle le
« flambeau de la civilisation, entretenir dans le
« Sud-Est de l'Europe une nation armée, plus
« d'un million d'hommes, prêts à se jeter sur la
« Russie, le jour du grand conflit, préparer la
« guerre religieuse contre l'Angleterre en Egypte,
« contre la France dans le reste de l'Afrique,
« bénéficier tout au moins de la reconnaissance
« turque en introduisant dans tout l'Orient les
« intérêts allemands, telle est la combinaison à
« la fois simple et grandiose dont l'habile baron
« Marshall tissa les fils à Constantinople pen-
« dant plusieurs années ! »
    Comme on le voit, en effet, c'est grandiose
autant que simple, et comme d'autre part aussi
Ponson du Terrail est mort, on ne peut l'accuser
d'avoir collaboré avec M. Ajam.

Ainsi donc, c'est parce qu'il avait partie liée avec les Jeunes-Turcs rénovateurs du Panislamisme que le Kaiser se proclamait l'ami de la Turquie?

Quand il allait à Jérusalem, quand il rendait visite au Sultan Abdul-Hamid c'était en raison du pacte qui le liait aux Jeunes-Turcs pour la formation d'un vaste empire musulman! Oserons-nous dire que c'est brouiller quelque peu audacieusement les dates.

Eh quoi, toute la politique allemande en Turquie fonctionnait quand les Jeunes-Turcs n'existaient pas ou ne semblaient pas devoir de sitôt arriver au pouvoir, mais cela n'importe peu, et sans doute la géniale intuition du Kaiser lui avait fait prévoir le déroulement de l'histoire intérieure de la Turquie.

Et le Lohengrin roublard de Postdam se serait aussi un seul instant laissé prendre à la possibilité de cette fantasmagorie abracadabrante d'une Turquie travaillée intérieurement, non seulement par les tendances séparatistes de ses sujets ottomans chrétiens de Macédoine ou d'Arménie, mais encore de ses propres sujets musulmans de l'Arabie, de l'Hadamaout et du Yémen, ralliant malgré cela à sa domination, par une opération magique, toutes les puissances de l'Islam! A eux les proies splendides de la Tunisie et de l'Algérie. Voici les Arabes, les Kabyles, les Berbères soudainement ralliés à la domination si longtemps détestée des Turcs. L'Egypte oublie sa vassalité impatiente quoique nominale et ses aspirations de l'Egypte aux Egyptiens.

Du coup, le Senoussi de Tripolitaine fait le voyage toujours refusé de Constantinople et le Sultan du Maroc applaudit joyeusement à cette formidables puissance qui ne fera de la sienne qu'une bouchée ! Et c'était pour cela que le baron Marshall s'agitait à Constantinople, pour cela que Guillaume s'en allait à Tanger. En vain, essayerions-nous d'insinuer que le baron Marshall était surtout occupé, d'accord avec la Deutsch-Bank, à mettre la main sur les concessions des chemins de fer ottomans et à créer aux produits allemands de vastes débouchés vers l'Asie-Mineure et vers la Perse ou bien encore à écouler les vieux stocks de la Maison Krupp-Guillaume II et Cie; en vain, insinuerions-nous que le voyage de Tanger n'avait pour but que d'obtenir des compensations, le jour où il fut évident que contre toute bonne foi nous étions bien résolus à garder le Maroc, tout cela serait compliqué et sans grandeur. Pour connaître les vrais dessous de la diplomatie allemande et jeune-turque, il faut avoir reçu la révélation à Alger sur la place du Gouvernement !

M. Ajam y est allé lui, il en est revenu avec le frisson. Nous l'avons, s'écrie-t-il, échappé belle !

Ce devait être en dormant!

Expliquer par un complot mondial du Panislamisme les sympathies manifestées aux Jeunes-
Turcs par les éléments musulmans instruits de
toutes nationalités et de toutes races, c'est faire
preuve d'une imagination féconde et quelque peu
compliquée, d'autant que cette sympathie se peut
expliquer tout naturellement par des sentiments
bien différents et très légitimes.

On avait dit aux Musulmans qu'ils étaient à
jamais, du fait de leur religion, une race infé-
rieure, incapable d'accéder à la civilisation
moderne. Or, voici justement qu'une grande
nation musulmane se dressait, brisait les vieux
cadres de sa civilisation séculaire, se réclamait des
principes des sociétés modernes et les installait
révolutionnairement au pouvoir. De quelle joie
ne devaient pas frémir à ce spectacle tous les éléments instruits du monde musulman, aspirants
à se voir, eux et les leurs, reconnaître les droits
des hommes modernes, qu'on leur refusait sous
prétexte d'incapacité. De cette incapacité, les
Jeunes-Turcs allaient faire la preuve contraire, et
ainsi allait s'évanouir l'obstacle ou le prétexte
qu'on leur avait opposé jusqu'alors. Dans la
révolution jeune-turque, c'était leur propre destin
qu'ils voyaient; dans son évolution, dans ses
hauts et ses bas, ils suivaient les phases de
leurs propres chances de victoire. Et comme
l'on comprend leur immense douleur lorsque les

intrigues d'un panslavisme brouillon associé aux basses convoitises de princes sans scrupules menacèrent de faire s'évanouir l'espérance qui avait miroité à leurs regards. Chaque défaite turque était comme un morceau de leur rêve qui s'écroulait.

Et cela, ce ne furent pas seulement les plus cultivés, les plus instruits qui le ressentirent; avec son admirable instinct naturel, la masse profonde du peuple l'éprouva intuitivement et un long frémissement la parcourut.

Quelle pitié et quelle misère qu'il se soit trouvé des hommes de France pour transformer en un sombre et mystérieux complot l'émotion douloureuse de toute une fraction de l'humanité blessée dans ses aspirations les plus nobles et les plus hautes.

Il se peut que quelque rêveur mystique ait forgé quelque jour cette chimère d'un vaste empire islamique unifié, mais s'il y avait une force qui fut incapable de même pouvoir tenter de la réaliser, c'était bien le Parti Jeune-Turc. Il ne pourrait orienter sa politique dans une telle voie sans nier tous les principes qui ont fait sa force, qui sont sa raison d'être et au nom desquels il s'est imposé, sans se nier lui-même. La révolution jeune-turque fut à la fois un mouvement nationaliste, libéral et libre-penseur.

Les Jeunes-Turcs ont affirmé la patrie ottomane; l'Islam n'est pas une patrie.

Ils ont proclamé l'égalité des citoyens devant la Constitution, sans distinction de religion. Il peut y avoir au Parlement des orthodoxes grecs ou des députés catholiques.

Enfin, les hommes qui furent à la tête du mouvement révolutionnaire étaient tous plus ou moins des libres penseurs ou des disciples d'Auguste Comte. Sans doute, au contact du pouvoir, ils ont dû temporiser, opportuniser, compter avec les vieux préjugés religieux et les vieilles croyances. On n'ébranle pas d'un coup les bases profondes et anciennes sur lesquelles reposent les empires, sans risquer de s'écraser soi-même. Et pour de telles entreprises, il faut un ensemble de circonstances formidables qui font que tout et les hommes et les choses deviennent titanniques et gigantesques. Lorsque l'histoire donne de semblables spectacles, c'est qu'elle se propose des ébranlements qui dépassent les limites et les frontières d'un peuple ; et qu'à travers les ruines accumulées, elle veut entr'ouvrir des voies nouvelles par où les hommes chemineront vers l'avenir. Mais les Jeunes Turcs ne faisaient que rentrer dans des voies depuis si longtemps tracées que déjà l'herbe y pousse. Pour y faire s'avancer les masses attardées de l'empire ottoman, il leur a fallu ménager les transitions et composer avec l'Islam. Mais ils ne se sont jamais cachés d'avoir un idéal philosophico-religieux très peu orthodoxe.

Aussi quand on examine l'amalgame d'idées, de sentiments, de principes qui constituèrent pour ainsi dire l'âme du Parti Jeune Turc, on n'y trouve absolument rien qui lui permette de se poser en protagoniste d'un grand empire basé sur une croyance religieuse ; bien au contraire, car son développement l'éloignera chaque jour davantage d'une pareille formule de réaction internationale, si contrairement à ce qui est les éléments en pouvaient exister (1).

*
* *

Mais il faut volontairement fermer les yeux aux réalités et aux faits pour affirmer qu'il y a dans les masses du monde musulman une aspiration panislamique.

Comment prétendre que nos Algériens, que

(1) On a cité le fait qu'au moment des guerres de Tripolitaine et des Balkans des quêtes auraient été organisées en Tunisie et en Algérie par les émissaires jeunes-turcs. On peut croire volontiers que les Jeunes Turcs aient cherché à monnayer à leur profit l'Islamisation à outrance que nous avons faite subir à nos sujets d'Afrique du Nord. C'est une idée qu'ils ont empruntée aux émissaires du Vatican à la recherche du Denier de Saint-Pierre.

De là, à conclure au péril panislamique il y a un abîme. Il nous suffit d'avoir démontré l'impossibilité théorique et pratique d'un tel mouvement. La Révolution française aussi commença par faire du panrépublicanisme européen. Elle ne tarda pas à en revenir très vite, et Danton l'un des premiers se rallia à une politique étrangère plus près des réalitées. On ne va pas contre le sens de l'histoire. En 1789, l'heure n'était pas venue d'une République universelle. Le développement historique moderne ne tend pas à grouper les hommes en patries religieuses, mais en classes. C'est un point de vue dont les conséquences politiques seront exposées plus loin.

nos Tunisiens rêvent de former avec tous les éléments de l'Islam une grande nation musulmane, quand nous les voyons incapables d'éprouver le moindre sentiment fraternel, non pas pour des Turcs, par exemple, mais pour des hommes de leur propre race.

Que les Arabophobes aillent donc au Maroc, qu'ils parcourent les rangs de nos troupes qui écrasent le peuple marocain, lui arrachent sa patrie et ce qu'il peut avoir de nationalité, et ils verront que les deux tiers des hommes qui composent ces troupes ne sont autres que des Musulmans d'Algérie. Personne ne les a forcés à venir là; c'est eux qui ont demandé, sollicité, imploré pour qu'on les envoie faire la guerre à leurs propres frères, frères de race, frères d'Islam, pour le compte et pour le profit des roumis que nous sommes !

Certes, il n'y a rien là qui soit bien à l'honneur de nos sujets musulmans et ceux qui les félicitent font peut-être preuve d'une mentalité assez singulière, mais c'est un fait qu'il se présente en Algérie plus d'engagés pour le Maroc que nous n'en sollicitons.

Et ce sont ces hommes qui rêveraient d'une grande patrie islamique. Mais entre eux-mêmes ils ne peuvent pas se souffrir. Il n'y a personne qui n'ait plus le mépris d'un Kabyle qu'un Arabe, et personne qui ne les méprise plus également l'un et l'autre qu'un Mozabite !

Et ce n'est pas l'histoire d'aujourd'hui seulement qui proteste contre de pareilles imaginations, c'est encore celle d'hier, celle même de la conquête. A l'heure désespérée et sublime de la résistance arabe, à l'heure où il semblait que pour un effort suprême toutes les rancunes devaient se taire, où tous n'avaient plus qu'à se grouper eu un faisceau héroïque et national autour d'un chef glorieux, oui, même à cette heure-là, Abd el Kader ne put jamais obtenir le concours de l'unanimité de ses compatriotes.

Quant aux menées allemandes, les Musulmans français ne sont point si naïfs qu'on le voudrait faire croire; ils savent parfaitement ce qui les attendrait au lendemain d'une révolte antifrançaise au moment d'une guerre. Si la victoire était à la France, c'est à elle qu'ils auraient des comptes à rendre; en cas contraire, c'est à la Triplice. Ils savent parfaitement de quel regard l'Italie contemple la Tunisie et avec quelle joie le Kaiser s'annexerait l'Algérie. Ils n'auraient fait que changer de maître et ils n'ignorent pas qu'il n'y a qu'avec l'Angleterre qu'ils auraient à y gagner.

L'Afrique du Nord est le pays du soleil torride et la terre des mirages. Le péril du Panislamisme se devait d'y naître, mais de grâce qu'on n'en fasse pas un article d'exportation pour la France.

Cependant, que l'on y prenne garde, ce ne

serait pas une folie moins grande que de négliger le facteur que va représenter désormais dans le monde musulman l'évolution de la Turquie vers les formes d'un Etat moderne.

La guerre a pû arrêter, retarder la marche de ce mouvement. Il est plus que probable aujourd'hui qu'il se continuera dans des conditions normales et régulières. Stamboul ne sera pas pour tous les Musulmans la capitale rêvée d'une patrie chimérique, mais elle sera le reproche vivant et la condamnation formelle de tous ceux qui auront dit à l'Islam : Tu es à jamais ligoté dans le passé et il n'y aura jamais sur toi que servitude. »

Ah! M. Ajam a dit qu'il fallait qu'il n'y ait plus en Algérie que des « *indigènes résignés* »; il a prononcé ce mot abominable, contre lequel les socialistes protestent avec indignation, au nom de la plus noble et de la plus glorieuse tradition de la France; eh bien, ils ne se résigneront pas quand ils verront, non loin d'eux, leurs frères en Islam se hausser graduellement par leur propre effort jusqu'aux formes les plus complètes de la civilisation moderne. Le rêve de ceux qui ne sont encore qu'une élite ne sera plus un rêve; il sera une réalité vivante et le plus humble fellah la pourra contempler. Est-ce qu'on la cachera à leurs regards avec un rideau de baïonnettes nègres?

Non, ce n'est pas l'Islam, ce n'est pas le Panislamisme qui agite aujourd'hui les couches les plus profondes des indigènes musulmans, c'est quelque chose de plus puissant que les fanatismes des religions qui passent ou les chimères d'une politique mégalomane : c'est l'invincible poussée de l'évolution elle-même.

Cette aspiration à la liberté, à la civilisation moderne, aux droit de l'homme moderne, n'y a-t-il donc que nos sujets musulmans d'Afrique du Nord qui la ressentent?

Est-ce qu'en Indo-Chine où il n'y a ni Islam, ni Panislamisme, nous n'assistons pas à un mouvement identique, est-ce que nous n'entendons pas des revendications semblables?

Aurons-nous encore assez de nègres pour en couvrir aussi la presqu'île asiatique?

Mais il n'y a pas que la France qui soit dans ce cas. L'Angleterre a les Indes et le mouvement nationaliste Hindou; le Portugal a Goa, où l'on tente en vain de la manière forte; et n'apprenions-nous pas récemment qu'il y a un mouvement jeune-javanais contre lequel la Hollande se propose d'employer les procédés dont rêve l'aberration de nos Arabophobes. Partout la civilisation capitaliste a jeté des semences dont la germination fait éclater les cadres où évoluèrent les races et les peuples attardés. Et comme ces philosophes dont l'âme était plus débile que la pensée, le monde capitaliste s'épouvante de son œuvre.

Elle se poursuivra qu'on le veuille ou non. L'histoire hésite, tâtonne ; en fin de compte, elle avance toujours.

Et lorsque tant de forces conspirent pour l'émancipation des races trop longtemps asservies, ce n'est pas l'heure de leur opposer des formules de réaction sauvage et imbécile.

Il n'y a pas de nationalisme musulman, mais plus que tous les sentiments nationaux il y a quelque chose qui cimente l'union des peuples et des races : c'est l'oppression qui les asservit.

Il n'y a pas de nationalisme islamique, que l'on ne fasse pas naître un nationalisme de révolte contre la servitude et l'injustice. Ce serait un crime inexpiable. Si la France n'était plus capable d'offrir à ceux qui réclament la liberté autre chose que des baïonnettes nègres et des maximes de domination et de gouvernement, dignes d'un de Maistre ou d'un de Bonald, c'est qu'elle aurait perdu jusqu'à la conscience de son génie propre.

Quant à nous, socialistes, nous avons une autre conception des devoirs de notre Patrie. Nous ne voulons pas que ce soit vers Stamboul que regardent nos sujets musulmans, mais que ce soit toujours vers la France qu'ils se tournent, lorsqu'ils parlent de Liberté, de Justice et de Droit !

DEUXIÈME PARTIE

La France et les Indigènes

Deux Politiques.

Pour excuser les incohérences incontestables de l'Administration française à l'égard de nos sujets musulmans, on a trouvé un argument dans lequel il entre une certaine part de vérité, mais qui a surtout pour principal intérêt de soulever un problème qui doit être examiné et résolu, si l'on veut avoir une conception nette des principes qui devront diriger toute notre administration coloniale en pays musulmans.

On a dit : il y a dans notre administration des institutions qui sont le fait de deux conceptions radicalement opposées : la conception du royaume arabe de Napoléon III et la conception de l'assimilation de Bugeaud. Ces deux tendances se heurtent sans cesse, chacune cherchant à triompher de l'autre et les dirigeants algériens, pris entre les deux, en sont réduits au système des concessions à faire tour à tour à l'une et à l'autre. De là, vient tout le mal ou presque.

C'est peut-être un peu trop exagéré mais le

fait est que ce dualisme existe, et que faute d'avoir approfondi la question, des hommes d'Etat éminents ont pû émettre en toute bonne foi des opinions contraires à la tradition et aux principes républicains, en même temps qu'au simple bon sens historique.

C'est du principe des nationalités que Napoléon III tira sa conception du royaume arabe. Les indigènes de l'Algérie étaient nos sujets et ils devaient à jamais rester tels, mais ces sujets étaient en même temps des vassaux dont le suzerain devait respecter l'organisation, les coutumes, les mœurs, la civilisation, les formes de propriété; à côté des éléments indigènes du royaume arabe les colons européens, poursuivant leur besogne de colonisation autonome et par dessus le tout l'armée sur pied de guerre maintenant l'ordre dans le royaume arabe et la colonisation européenne. Napoléon III définissait lui-même son idéal en disant que pour lui l'Algérie était : « à la fois un royaume arabe, une colonie européenne et un camp français ».

Bien différente était la pensée qui inspira Bugeaud.

Pour lui, l'Algérie ne doit pas être un royaume arabe, mais en réalité une province française dans laquelle le colon n'est pas un élément à côté, mais au contraire un des éléments essentiels de la politique administrative.

« C'est, dit-il, la colonisation qui gardera la

conquête et libèrera l'armée. » Au lieu du camp français toujours l'arme au pied, il propose lui, le colon français, enfonçant sa charrue dans le sol et le gardant ainsi, car, au contact du colon, l'indigène ne tarde pas à devenir un associé, bénéficiant de tous les avantages de la civilisation que le colon apporte autour de lui et dont il a besoin pour vivre et se développer. D'autre part, l'indigène au lieu d'être le membre d'un royaume arabe vassal devient un apprenti citoyen français.

Dans une circulaire du 9 octobre 1844, Bugeaud écrit :

« Nous avons fait sentir notre force et notre
« puissance aux tribus de l'Algérie ; il faut leur
« faire connaître notre bonté et notre justice...
« Ainsi nous pourrons espérer de leur faire
« d'abord supporter notre domination, de les y
« accoutumer plus tard, et, à la longue, de les
« identifier avec nous, de manière à ne former
« qu'un seul et même peuple, sous le gouverne-
« ment paternel du roi des Français. »

On conçoit qu'entre la politique d'arabisation et la politique d'assimilation il y a une différence, et que les principes administratifs découlant de l'une et de l'autre politique ne seront pas précisément les mêmes.

Aujourd'hui, sans doute l'idée du royaume arabe est abandonnée, la colonisation française et européenne s'est réalisée suivant la conception de Bugeaud, et si elle n'a pas eu à l'égard des indigènes toutes les conséquences heureuses qu'il prévoyait, si elle a soulevé des problèmes qu'il ne pouvait alors envisager, elle a du moins eu pour résultat certain de libérer militairement la métropole. L'Algérie n'est pas un camp français.

Cependant il ne semble pas que l'on ait réussi à débrouiller complètement les deux thèses politiques, et l'affirmation, absurde selon nous, des Arabophobes que la francisation poussée jusqu'à ses conséquences naturelles aurait pour résultat pratique le retour au royaume arabe n'est pas faite pour apporter quelque clarté dans le débat.

Deux formules semblent assez bien résumer la confusion qui règne dans les esprits à ce sujet.

L'une est de Waldeck-Rousseau. Il la prononça en 1901 dans un débat parlementaire auquel donna lieu la fameuse émeute de Margueritte. Parlant des indigènes algériens, il dit : « ils évolueront dans leur civilisation. »

L'autre est employée de très bonne foi par des amis métropolitains des indigènes qui réclament « une politique musulmane » pour la France à l'égard de ses sujets musulmans. Eux aussi, ils pensent à faire évoluer les indigènes dans leur civilisation propre, ou plutôt à rénover la civilisation arabe éteinte depuis des siècles, à la faire revivre et se développer à côté de la civilisation dite européenne.

Une telle politique serait la pire des utopies et elle ne conduirait à rien qu'à des absurdités.

Tout d'abord, lorsque l'on parle de « leur civilisation », c'est à la civilisation arabe du Moyen-Age que l'on fait allusion, et la première objection qui vient à l'esprit, c'est que l'immense majorité de nos sujets musulmans, comme nous l'avons vu précédemment, ne se compose pas d'Arabes, mais bien de Berbères, islamisés sans doute, mais très mal arabisés, et en tout cas absolument étrangers à ce splendide mouvement de culture et de science, qui, aux heures les plus sombres du Moyen-Age, fut le rayonnement de la civilisation. Ainsi donc, le premier effort à réaliser, ce serait, tout d'abord, d'arabiser nos indigènes berbères et kabyles.

Mais ensuite une autre question se pose : y a-t-il eu une civilisation spécifiquement arabe ou plutôt qu'était au juste la civilisation dite arabe?

Nous avons considéré l'élément moral d'une civilisation comme la superstructure naturelle d'un état économique donné, mais cet état économique dépend lui-même de l'état de la technique, c'est-à-dire en somme, du degré de développement de la science. Or, la science est une. Il n'y a pas une science grecque, une science arabe ou une science européenne. Ces dénominations ne représenteront jamais que les différents stades d'un développement qui se poursuit dans le temps et dont des peuples ou des races ont été tour à tour les protagonistes. On accable donc les Arabes d'un honneur immérité lorsqu'on les imagine créateurs d'une civilisation qui leur fût propre et dont ils auraient laissé tomber soudainement le flambeau à leurs pieds, où il girait éteint, n'attendant qu'une étincelle pour se rallumer; mais aussi ils commettent une singulière injustice, ceux qui leur reprochent de n'avoir rien créé et de n'avoir été que les continuateurs brillants et momentanés d'une civilisation dont les origines se perdent au plus profond de l'Antiquité.

C'est Renan, dans une conférence fameuse, qui, en 1883, a précisé les sources de la civilisation arabe, et c'est des arguments de cette conférence que les Arabophobes se sont faits une arme. Le malheur est que, quand on a démontré les sources gréco-sassanides de la culture arabe du Moyen-Age, on n'a pas plus démontré contre les Arabes qu'on ne l'aurait fait contre les Français en établissant, suivant une phrase du même Renan que « nous sommes Romains par la langue, Grecs par la civilisation Juifs par la religion. » Que ce soit en Perse, héritière de la Grèce et d'un Islamisme très peu orthodoxe qu'ait surtout brillé la philosophie et la culture intellectuelle, ceci n'empêche tout de même pas la splendeur de Cordoue ni non plus celle du Caire et celle d'Alexandrie, dont la bibliothèque, — ou plutôt les débris de la bibliothèque — a peut-être été brûlée pour la dernière fois par Omar mais après l'avoir été, pour la première fois, par les soldats de César.

La vérité est qu'à l'heure où l'Europe moderne était ensevelie dans cette effroyable brume de l'arrière Moyen-Age, où la pensée était écrasée sous le dogme et sous l'ignorance, où toute la vie politique n'était qu'un sanglant tissu de traîtrises et de meurtres, où en six siècles la raison humaine ne balbutia que deux fois par les bouches de Pélage et d'Abélard, la civilisation, chassée de l'Italie et de la Grèce, trouva un suprême refuge dans l'Islam. Il importe peu aujourd'hui que l'on découvre que les deux hôtes n'étaient peut-être point fait pour s'entendre. Nous, qui sommes les héritiers de l'un, nous n'avons pas le droit d'oublier que l'abri qu'il trouva chez l'autre a sauvegardé l'humanité de siècles de barbarie.

Ceci posé, on peut accepter tous les reproches adressés à l'Islam par Renan, qui, après s'être montré pour lui sévère au delà de toute justice, et ne lui avoir pas même accordé ces ménagements de forme, qui lui semblaient sans doute, devoir être réservés seulement « aux foies que l'on a eues », se prend à murmurer — le délicieux et féroce ironiste : « Je ne suis jamais entré « dans une mosquée sans une vive émotion, le

« dirai-je? sans un certain regret de n'être pas
« Musulman. »

Avec lui on peut reconnaître que les Arabes
furent surtout des mathématiciens, des chimistes,
des astronomes, mais qu'il ne faut pas exagérer
leur mérite dans ces branches. On peut leur
dénier tout esprit philosophique, proclamer l'incapacité où ils furent d'édifier de grands et vastes
systèmes, reconnaître que le matérialisme pan-
théiste d'Averroès, le plus savant d'entre eux,
venait tout droit d'Aristote, rien de ceci n'empêche que l'Occident renaissant s'en fut chercher dans les livres arabes et dans les bibliothè-
ques de Cordoue la culture et la science, dont
il avait perdu jusqu'au souvenir.

Mais c'est alors qu'apparaît tout ce qu'il y a
d'utopique dans le rêve de ceux qui parlent de
faire évoluer les Arabes dans leur civilisation et
nous proposent d'adopter une politique musulmane, qui, renouant la chaîne des temps, repren-
drait la civilisation arabe au point où elle s'est
arrêtée et appellerait le monde musulman à
évoluer dans ce cadre ressurgi des profondeurs
de l'histoire. La civilisation arabe n'a été qu'un
pont entre la civilisation antique et la civilisation moderne.

Le flambeau de la civilisation n'a jamais été
arabe; il fut un temps aux mains des Arabes. Il
ne s'est pas éteint, il ne gît pas à leurs pieds,
attendant l'étincelle qui le ranimera. Lorsque

de leurs mains défaillantes, et, ne se relevant plus que pour la prière, il s'échappa, c'est nous qui l'avons ramassé et qui l'avons porté sur le monde. Immense fardeau et tâche sublime ! Nous avons élevé un monument magnifique de pensée, de culture, de connaissances, de technique, de science et cependant, ô vanité de notre orgueil, tout cela aboutit à cette Europe qui n'est plus aujourd'hui qu'un vaste camp retranché, hérissé de baïonnettes, de fusils, de canons, champ de carnage de demain peut-être ! A notre tour n'allons-nous pas voir nous aussi le flambeau glisser de nos mains sanglantes et qui ne se relèveront plus que pour le meurtre ?

Où sont les Barbares qui le ramasseront !

Quoi qu'il en soit, en apportant aux Musulmans, les principes de la civilisation moderne, nous ne ferons que leur retourner ce qu'ils nous ont passé. C'est une dette de l'histoire dont l'échéance arrive à son heure.

Et maintenant, nous pouvons nous retourner vers certains adversaires relatifs des indigènes et leur dire : Comment pouvez-vous affirmer qu'une politique d'assimilation plus réelle et plus effective que celle pratiquée par l'Administration pourrait nous ramener au royaume arabe, les Musulmans étant le nombre et retournant nos principes contre nous ?

Ne voyez-vous pas que pour user de ces principes, il faudrait qu'ils se les fussent assimilés, et qu'à ce moment, ces principes retourneraient avec bien plus de force encore contre « le royaume arabe », utopie de rêveur, qui n'a jamais reposé sur rien de réel, de vivant ou même passé. Ne voyez-vous pas que lorsque nous aurons facilité et permis aux indigènes d'atteindre au point où nous en sommes, ce sont les mêmes problèmes qui se posent chez eux, qui se poseront chez eux, et que dans la pleine liberté développée sur l'instruction, il y aura peut-être place pour des luttes de classes, mais non pas pour des luttes de races, trop divisées elles-mêmes entre elles, ou pour des luttes de nationalités qui n'ont jamais existées

A ceux qui lui demandent quels sont les principes qui la dirigent, l'Administration algérienne ne manque jamais de répondre que bien que gênée par l'antagonisme des institutions issues des conceptions qui ont tour à tour inspiré le Gouvernement de l'Algérie, c'est des principes de la France moderne et des Droits de l'Homme, qu'elle se réclame.

Mais elle ajoute aussitôt qu'évoluant dans un milieu différent, elle y apporte des tempéraments. Questions de nuances, tout est là — proclament ses défenseurs.

Pour ne pas éprouver de trop cruelles déceptions, tenons pour acquit qu'en passant par le

gris il n'y a entre le blanc et le noir qu'une
question de nuances et examinons comment la
France applique ses principes aux Musulmans,
à quelques points de vues administratifs, politiques et sociaux.

L'Administration Générale et la Justice.

Vers l'an 1413, le bon peuple de Paris s'avisa que tout n'était pas pour le mieux dans le gouvernement du royaume de France. Le roi était sans doute un excellent roi ; malheureusement il n'était pas en état d'apporter à la direction des Affaires publiques l'esprit de suite nécessaire, car il était fou, mais fou de folie pure. A toutes choses, il préférait jouer aux cartes et caresser sa petite reine illégitime de douze ans. Monseigneur le Dauphin jouait de l'épinette et de la harpe, chantait et dansait à s'en faire mourir. Envahie par les Anglais, tiraillée entre les haines et les intrigues de la Maison d'Orléans et de la Maison de Bourgogne, la France défaillait. C'est alors que le peuple parut sur la scène, en l'espèce l'hôtel Saint-Paul, demeure du roi.

Il y parut sous la figure de Messieurs les Bouchers de Paris, grande et puissante corporation, et des commis de Messieurs les Bouchers, Messieurs les Ecorcheurs. Appuyés sur les gens de l'Université, ils prirent le pouvoir et l'assumèrent tant bien que mal. C'est à cette occasion qu'on assiégea pour la première fois la Bastille. Elle ne fut point prise. A la réalisation de ce grand dessein, le peuple devait méditer encore près de quatre siècles.

De tout ce tumulte et de l'effroi qu'il inspira aux princes, sortit la Grande Ordonnance du 25 mai 1413 qui fut, en quelque sorte, la Charte administrative de la France d'alors.

Pour la première fois, on y voit apparaître très nettement l'un des plus grands principes sur lesquels reposent les sociétés modernes : celui de la séparation du pouvoir administratif et du pouvoir judiciaire. Ainsi, c'est du plus profond de notre histoire et du plus profond de l'instinct populaire, que s'est dégagé ce principe de la séparation des pouvoirs, sans lequel il n'y a pas de place pour un régime moderne. Il semble bien que nous nous devions à nous-mêmes et aussi aux autres de ne jamais le renier, et cependant ce n'est pas par un caprice d'auteur ou pour des commodités d'écriture que l'on a pu lire en tête de ce chapitre : Administration générale et Justice. Cette confusion de deux choses distinctes correspond à la réalité algérienne. La France, là-bas, oubliant son histoire, a si étroitement mêlé l'une et l'autre, qu'il est impossible de les examiner séparément. L'Administration et la Justice ont été réunies entre les mêmes mains, et non pas la justice ordinaire et légale, mais au contraire une justice d'exception et dont les plus graves décisions, celles dont dépendent l'honneur et la liberté des indigènes, ne se peuvent réclamer d'aucune légalité reconnue !

C'est ainsi que nous sommes allés apporter aux indigènes les grands principes modernes, que nous appliquons les Droits de l'Homme et que nous faisons l'éducation civique de nos sujets musulmans.

*
* *

L'organisation administrative de l'Algérie repose, d'abord, sur la division des communes en trois catégories différentes, et, ensuite, sur le fonctionnement de deux organismes spéciaux : le Conseil général et les Délégations financières.

Les communes algériennes se répartissent en :

1° Communes de plein exercice.

2° Communes mixtes.

3° Territoires militaires.

Des communes de plein exercice, il n'y a, au point de vue de la matière de ce chapitre, rien à dire de particulier, sauf ce que nous verrons au sujet des capacités électorales des indigènes et des lois d'exception auxquelles ils sont soumis, bien qu'ici la juridiction n'appartienne pas à l'Administration, mais aux tribunaux réguliers. Les territoires militaires sont les territoires du Sud ou proches encore de régions insoumises.

On peut discuter sur l'imprudence qu'il y aurait à enlever certaines régions à l'autorité militaire, comme on peut aussi déplorer qu'après quatre-vingts ans de conquêtes nous en soyons encore là, et c'est peut-être le cas de rappeler l'opinion de Michelet sur la confusion des pouvoirs judiciaire et militaire qu'il appelait « ce fléau des sociétés barbares ».

Les communes mixtes ne sont ni des territoires militaires ni des communes administrées par elles-mêmes. Elles ont à leur tête un fonctionnaire français, appelé administrateur, assisté par des adjoints indigènes, fonctionnaires eux aussi. Mais ces administrateurs, outre leurs pouvoirs administratifs, possèdent encore des pouvoirs de juridiction disciplinaires très étendus. Ils sont à là fois les administrateurs et les juges de leurs administrés.

Enfin, il convient d'ajouter, pour compléter ce tableau, que le cadre des communes n'est pas fixé une fois pour toutes. Les territoires militaires peuvent devenir communes mixtes et les communes mixtes, communes de plein exercice. Excellent système d'ailleurs, et qui nous permet, en constatant le petit nombre de communes parvenues au plein exercice, de juger par quatre-vingts ans d'expérience, de la valeur éducative et civilisatrice des méthodes administratives algériennes.

Avant de faire l'examen critique des juridictions d'exception d'Algérie, il nous faut jeter un coup d'œil sur le droit électoral des indigènes et son fonctionnement. Ce sera un excellent moyen de saisir sur le vif les procédés de l'Administration algérienne et les résultats qui en peuvent résulter au point de vue de l'éducation et de la moralité civique des indigènes.

*
* *

Il y a en Algérie trois organismes élus. Dans les trois, les indigènes sont représentés. Ce sont les conseils municipaux, le conseil général et les Délégations financières.

Dans les conseils municipaux, les indigènes ont droit à un quart des sièges. Il peut y avoir dans une commune 300 colons français de vieille date ou de date très récente et 10.000 indigènes; les 300 colons compteront toujours 3 fois plus que les 10.000 indigènes.

De plus, les conseillers municipaux indigènes ne peuvent pas prendre part à l'élection du maire.

Dans les communes mixtes, les indigènes membres de la commission municipale sont nommés par l'Administration.

Dans les conseils généraux, les indigènes ont droit à six représentants.

Dans les Délégations financières qui comptent 69 membres, il y a 21 membres indigènes, mais 15 seulement sont élus; les autres sont nommés directement par le Gouverneur général.

On voit à quelle portion congrue sont réduits les indigènes et cependant il y a 746.000 colons contre 4 millions et demi d'indigènes, payant, on le verra, la plus grosse part des impôts directs.

Mais cette représentation, même réduite à ce point, n'est elle-même qu'un simulacre et une véritable plaisanterie.

Il n'y a pas 10 pour 100 des élus indigènes qui soient autre chose que les créatures fabriquées de toutes pièces par l'Administration elle-même.

Car, en effet, comment se compose le corps électoral? C'est pour les élections municipales qu'il est le plus important. Il comprend les propriétaires fonciers, les fermiers indigènes, les agents de l'Administration en activité ou en retraite, et les anciens soldats retraités.

Les propriétaires et les fermiers indigènes sont extrêmement rares dans les communes de plein exercice si peu nombreuses. Quant aux autres, on imagine volontiers qu'il n'en est pas un qui voudrait voter contre le gré de l'Administration dont ils dépendent, soit qu'ils en soient les agents, soit qu'ils en soient les pensionnés.

Eh quoi, dira-t-on, les anciens tirailleurs sont proclamés capables de faire de bons électeurs, mais les commerçants, mais les patentés, mais les diplômés des écoles?

Eh bien, pour ceux-là, il n'y a pas de droit électoral.

Un balayeur municipal vote parce qu'il est employé de l'Administration, mais un avocat, un médecin, un docteur ès-lettres ou ès-sciences ne votent pas, ne comptent pas électoralement. Quelle abominable fantaisie a donc présidé à la concession du droit de suffrage? Point d'autre que le souci de n'avoir que des élus asservis d'avance, et le commerçant, le patenté, dans une certaine mesure, peuvent être libres de leur vote. Qui sait, quel suffrage pourrait émettre un médecin ou un avocat? Et c'est ainsi que nous sommes allés faire l'éducation civique des indigènes, c'est ainsi qu'à défaut d'une égalité absolue dans le droit de suffrage, dont la possibilité a pu être à un certain moment contestable, nous leur avons montré que seul un haut souci de dignité, de justice, de bon sens et des intérêts bien compris de la masse, présidait à l'élaboration de nos lois.

Et pour les conseils généraux, pour les Délégations financières, le corps électoral est encore plus restreint, et s'il est possible plus ridicule.

Il se compose uniquement des conseillers municipaux des communes de plein exercice, auxquels sont adjoints les membres indigènes des commissions municipales des communes mixtes, qui sont, nous l'avons déjà vu — nommés directement par l'Administration elle-même.

Et si l'on veut être fixé sur la moralité qui préside aux opérations électorales, il suffira de lire la lettre suivante reproduite par le *Bulletin des Etudes Indigènes* et signalée dans le rapport de M. Le Myre de Villers sur « La Politique coloniale française » :

Le Sous-Préfet de l'Arrondissement de Mostaganem à Monsieur l'Administrateur.

« M. le Préfet, à qui j'ai adressé, sur sa demande, un rapport sur les personnalités indigènes dont la candidature aux Délégations financières pourrait être accueillie favorablement non seulement des électeurs indigènes, *mais encore de l'Administration préfectorale*, me fait connaître qu'il a agréé comme candidat à la première circonscription (Mascara-Mostaganem) Harrag ben Kritly.

« Harrag ben Kritly que j'avais proposé à M. le Préfet est adjoint indigène de Mostaganem et conseiller municipal de cette ville.

« Chevalier de la Légion d'Honneur, officier

d'Académie, fils de caïd, Ben Kritly pourra représenter dignement ses coreligionnaires au sein de cette nouvelle Assemblée.

« Je vous prie, en conséquence, d'agir *très discrètement* en même temps que très énergiquement et lorsque vous jugerez le moment opportun, auprès des adjoints indigènes qui *devront*, afin d'éviter un éparpillement inutile des votes, déposer *tous* le 4 décembre prochain, un bulletin au nom de Ben Kritly.

« Ce dernier fera imprimer et adresser à son représentant dans chaque commune, pour être remis aux électeurs, des bulletins de vote à son nom. *Par la dimension du papier et sa trame, il vous sera loisible de vous assurer si vos instructions ont été écoutées.*

« Il est bien entendu que les précédentes indications qui vous sont données sur la demande de M. le Préfet doivent revêtir à vos yeux un caractère essentiellement personnel et confidentiel et que vous devrez en aucun cas faire connaître qu'*une candidature officielle existe*.

« Il sera même prudent, tout en affectant une certaine réserve mêlée d'une *indifférence apparente*, de recevoir avec une égale courtoisie tous les candidats qui pourraient vous rendre visite.

« Avec Ben Kritly seul vous pourrez cependant vous dégager de cette réserve *qui l'étonnerait sans doute*.

« Veuillez m'accuser réception de la présente

lettre et me tenir le cas échéant au courant des incidents qui pourraient se produire.

« Le Sous-Préfet ».

En France, un fonctionnaire qui serait pris en flagrant délit dans de semblables conditions relèverait de l'action des tribunaux.

En Algérie, il relève de l'avancement. Et qu'avec un si effroyable cynisme on organise d'avance jusqu'en ses moindres détails le résultat d'une élection, cela donne une haute idée de la mentalité qui règne dans les administrations à l'égard du droit de suffrage.

Un seul coupable s'est fait prendre, sans doute, mais il a révélé du même coup la pratique courante en matière électorale.

Et lorsque l'on parle d'élargir le droit de suffrage aux indigènes, de les appeler plus nombreux autour des urnes les Arabophobes répondent : « Il ne viendra jamais le temps où les indigènes seront dignes de se servir de leurs droits de citoyens ; des siècles couleront avant que l'on puisse même entrevoir la possibilité de le leur accorder ».

C'est ainsi que parlait Guizot quelques années avant la Révolution de 1848, mais lui du moins s'il ne voyait pas la maturité des esprits, il n'en avait pas organisé par avance la corruption.

Nous somme allés en Algérie en affirmant que notre devoir était d'appeler les indigènes à la civilisation moderne et de les préparer peu à peu, par une éducation civique appropriée, à se hausser jusqu'à la dignité de citoyens. Et lorsque nous voyons à quelle besogne de corruption et d'abaissement de l'esprit on a abouti, nous avons le droit de proclamer avec indignation, que ceux qui ont fait cela ont trahi la France et son renom et sa dignité et ses principes et qu'ils ont accompli là-bas une œuvre abdominable.

*
* *

Pour bien comprendre la confusion qui règne aujourd'hui en Algérie entre l'organisation administrative et l'organisation judiciaire, il faut remonter au lendemain de la conquête.

C'est l'armée qui avait fait la conquête ; c'est elle qui fut chargée de l'assurer. Les officiers devinrent des administrateurs, et tous les pouvoirs leur furent remis aussi bien d'administration que de justice.

Dans ces heures troubles, où l'autorité de la France ne se pouvait appuyer que sur la force des baïonnettes, la France installa en Afrique « ce fléau des sociétés barbares » qu'est la confusion des pouvoirs.

Dans l'esprit des hommes d'Etat du moment,

7

ce ne pouvait être là qu'une formule provisoire. Hélas, dans un pays aussi profondément conservateur que le nôtre, ce sont celles qui durent le plus. La confusion commencée avec le pouvoir militaire et excusable par les circonstances qui l'imposaient, se continua avec le pouvoir civil.

Il fut créé toute une série d'infractions spéciales punissables de peines non moins spéciales, et cette justice d'exception pour laquelle il semblait que des garanties exceptionnelles auraient dû être prises, c'est aux administrateurs civils que le soin de la rendre fut remis. Erreur funeste qui a permis à un fossé très large de se creuser chaque jour davantage entre nous et nos sujets musulmans.

Ce qui fait la sérénité de la justice, sa dignité hautaine, ce qui la rend à la fois redoutable et respectable c'est qu'elle ne connaît pas ceux qu'elle frappe. Ce qu'elle atteint, ce n'est pas un homme, c'est un délit. Tel est le bénéfice de la séparation des pouvoirs. Entre le coupable et le châtiment, il y a celui qui a subi le dommage, celui qui l'a constaté, celui qui applique la peine. Mais lorsque celui qui subit le dommage ou son représentant naturel, celui qui constate le délit et celui qui applique la peine ne sont qu'une seule et même personne, la justice n'est plus la justice; elle n'apparaît que comme une manière de vengeance où le coupable étant par avance désarmé, se transforme vite à ses propres yeux en une sorte de victime.

C'est à cet état d'esprit ainsi créé qu'il faut attribuer la solidarité qui unit tout naturellement les Arabes à un coupable, et l'effort qu'ils font toujours pour lui permettre d'échapper à la vindicte publique. La justice ne leur semble qu'une sorte de lutte d'homme à homme, où l'Administrateur étant toujours le plus fort, ils cherchent à rétablir un peu d'équilibre par tous les moyens en leur pouvoir.

Et ce sentiment détestable assurément, mais dans l'existence duquel nous avons une si lourde part de responsabilité, est qu'on ne l'a pas encore rendu plus vivace et pour ainsi dire plus inévitable, en établissant en Algérie le régime abominable de la responsabilité collective, qui sous forme d'amendes et de confiscations, frappe parfois tout un douar ou toute une tribu.

Mais ce n'est pas seulement sur la mentalité des indigènes que cette organisation de la justice se répercute malheureusement ; c'est aussi hélas, sur l'esprit de ceux qui sont chargés de l'appliquer.

On a dit beaucoup de mal des Administrateurs, on a aussi, mais avec moins de succès, essayé d'en dire un peu de bien. C'est un débat où il ne nous semble pas possible de prendre parti. Le journal *Le Temps* a dressé contre eux ou plutôt contre certains d'entre eux, de terribles réquisitoires ; on les a démentis. Partout où j'ai passé en Algérie, j'ai eu la confirmation formelle de ce que *Le Temps* avait avancé ; j'irai plus loin, j'ai vu des choses pires. Lorsque j'ai passé dans une région du département de Constantine, il y avait un Arabe qui agonisait à l'hôpital. Il avait eu le ventre et les parties sexuelles piétinées par un administrateur. L'histoire rapportée par *Le Temps* de l'Arabe aux yeux crevés d'un coup de cravache que l'on a niée m'a été pleinement confirmée par des personnalités dont la bonne foi ne peut être suspectée. Aux affirmations produites ainsi en France, la grande presse du Nord Africain répond par de violentes diatribes contre ceux qui les produisent. Elle ne se fait pas faute parfois de les déformer complètement et en triomphe d'autant plus facilement. Des Arabophiles, des Arabes ou des indigènes kabyles m'ont aussi cité des administrateurs justes et estimés.

La question n'est pas là. Elle est dans l'état d'esprit que crée fatalement sur un homme d'esprit moyen, la somme des pouvoirs dont il est revêtu et les tentations innombrables auxquelles il est exposé de ce fait.

On a vu à quel résultat abominable aboutissaient les procédés administratifs en matière électorale. On m'a cité à ce sujet une histoire assez plaisante et que je m'excuse d'introduire dans un débat que je me suis toujours efforcé de maintenir sur le terrain des principes. Pour je ne sais quelle élection, un candidat indigène se présente auprès de l'Administrateur d'une commune, où il y avait, mettons cinquante électeurs légaux. Pour appuyer ses chances, le candidat oublia sur la table une enveloppe recélant un billet de mille francs. Soucieux du pain de ses vieux jours et de faire monter la rente française, l'Administrateur les transforma aussitôt en un certain nombre de coupons. Mais le candidat, comme tout candidat qui se respecte, avait un concurrent. Et celui-ci de rendre ses devoirs à l'Administrateur et d'appuyer sa candidature par un identique billet de mille francs, auquel l'Administrateur toujours hanté des mêmes soucis donna une semblable destination.

Et qu'arriva-t-il le soir du scrutin, car enfin il fallait choisir entre les deux concurrents?

Eh bien, non! il arriva que le premier candidat eut 25 voix et que le second eut aussi 25 voix!

L'âme de Salomon errante dans l'espace s'était posée ce soir sur une urne kabyle!

J'entends bien que l'on dira que c'est là une indigne calomnie, forgée de toutes pièces par les Jeunes-Turcs.

Je le veux bien, je consens même à proclamer du même coup que les *Verrines* ne furent jamais qu'un exercice d'école dont notre naïveté et l'ignorance de nos savants firent une réalité, que le Panama n'a jamais été qu'un canal et que les pots de vin ne sont que d'honnêtes pots dans lesquels il n'y a que du vin.

Mais l'histoire ci-dessus n'est-elle tout de même pas vraisemblable, n'est-elle tout de même pas possible. Or, elle ne le serait point, si l'Administration avait pour principes de respecter, comme elle le devrait, l'absolue liberté du droit de suffrage.

C'est là où j'en voulais venir, car il en va de même des pouvoirs judiciaires.

Et vraiment ils ne seraient pas des hommes, ou plutôt il faudrait qu'ils fussent des anges, s'ils n'étaient point tentés d'abuser de leur puissance, ces Administrateurs auxquels, loin de tout contrôle, on a remis tous les pouvoirs. Ils ont pu venir pleins de bonne volonté, remplis de bonnes intentions, mais les voici isolés.

Ceux-là seuls avec lesquels ils ont de naturelles affinités, les colons, sont encore par la faute des choses mal organisées, en antagonisme d'intérêts certain avec les Arabes. Ces Arabes eux-mêmes sont une masse amorphe, courbée sous la terreur ; comment avec de semblables éléments, ces hommes qui ne sont que des hommes, ne seraient-ils pas fatalement amenés à abuser de leur autorité sans contrôle réel, au profit de causes ou d'intérêts qui n'ont aucun rapport avec la justice qu'ils ont mission de rendre.

Et ils abusent. Il faudrait une bibliothèque pour faire le recueil des iniquités qui se commettent journellement à l'égard de nos sujets indigènes. Or, de cela, nous n'accusons pas les hommes, nous accusons le régime. C'est lui seul qui est coupable. Qu'on le modifie et les faits scandaleux auxquels donne lieu inévitablement la confusion des pouvoirs, disparaîtront, non parce que les hommes seront devenus meilleurs, mais parce que ces faits auront eux-mêmes été rendus impossibles.

*
* *

Mais il est entre les mains de l'Administration une arme plus redoutable que celle de l'Indigénat qui ne porte que sur un nombre de délits déterminés auxquels s'appliquent aussi des peines déterminées, et cette arme redoutable, odieuse et illégale, c'est l'internement.

La définition juridique de l'internement est impossible, car il ne correspond à rien d'équivalent dans notre Droit français; il ne repose sur aucun principe juridique connu, et quant à ce à quoi il s'applique, M. Larcher, l'éminent juriste de la Faculté de Droit d'Alger, déclare qu'il réprime tous les faits, qu'ils tombent ou non sous le coup d'un texte, qu'ils mettent en danger la fortune privée des citoyens, la sécurité publique ou notre domination dans le Moghreb.

Si l'on se demande en quoi consiste au juste l'internement, on ne le trouve pas avec plus de précision.

Autrefois, on déportait en Corse les victimes de cette lettre de cachet. Aujourd'hui, il arrive qu'on les détient dans les lieux spéciaux, qui ne dépendent ni de l'Administration militaire ni de l'Administration pénitentiaire, mais bien de l'Administration tout court.

Parfois, il arrive aussi, que l'on se contente d'obliger la victime à habiter un pays éloigné du sien.

La lettre de cachet de l'Ancien Régime avait au moins cet avantage qu'elle se résolvait toujours à la Bastille, dont l'emplacement était assez connu. Avec le progrès, nous avons beaucoup perfectionné cela. C'est l'Algérie tout entière, qui est devenue la Bastille, et comme si ce n'était pas assez, nous y avons même ajouté la Corse. On nous parle quelquefois de la plus grande France, nous avons aussi la plus grande Bastille.

Nous avons vu que l'internement ne frappait aucun délit déterminé. Un homme est-il jugé dangereux? On l'interne. Un crime a-t-il été commis? La justice n'a pas trouvé le coupable. L'Administration intervient. Elle a ses soupçons.

Malheur aux soupçonnés : l'internement va s'abattre sur eux. Parfois aussi il arrive que l'Administration trouve qu'il n'y a pas eu assez de coupables frappés. Elle a ses raisons de vouloir un plus grand nombre de complices, et l'internement va fonctionner. Nul n'est à l'abri d'une semblable mesure. Un gros commerçant indigène fait-il un chiffre d'affaires qui effarouche quelque concurrent bien en cour, l'internement peut fonctionner. Que l'on ne se récrie pas. Le dossier d'une semblable affaire existe.

Quels sont les moyens de défense du présumé coupable, en face d'une aussi monstrueuse pénalité? Il n'en a aucun.

La caractéristique de la procédure de l'internement, c'est de ne pas exister. Un ordre du Gouverneur Général, sur un avis d'administrateur, suffit. La victime n'est pas appelée à se défendre. On ne lui communique même pas la raison pour laquelle elle est frappée. Le châtiment tombe... Il n'y a qu'à s'incliner.

Et cela se passe en Algérie, un siècle après la conquête, à moins de 24 heures de la France et au nom de la France, de la Révolution et des Droits de l'Homme.

Mais ce qu'il y a de fantastique, c'est que l'on rechercherait en vain le texte, la disposition législative au nom de laquelle le Gouverneur Général et l'Administration s'arrogent de tels pouvoirs. Il n'y en a pas. Cette formule d'arbitraire est entièrement illégale.

Lorsque l'on parle de supprimer les pouvoirs disciplinaires des Administrateurs et d'effacer à tout jamais cette honte de l'internement, les adversaires des indigènes ne manquent pas de répondre, d'abord, que les Arabes n'ont aucune idée de la séparation des pouvoirs, et, qu'en outre, il n'y aura plus de sécurité en Algérie.

L'argument de l'ignorance où sont les indigènes de la séparation des pouvoirs est assez étrange. Qui donc a jamais proclamé le contraire, et comment surtout connaîtraient-ils ces principes que nous ne leur avons jamais appliqués? On pourrait tout aussi facilement en dire autant de n'importe quel principe de la civilisation moderne, puisque nous sommes partis de ce fait que les Musulmans ignoraient cette dernière, et que notre devoir était justement de les hausser jusqu'à elle.

Il s'agit de savoir non pas ce que les Arabes connaissent, mais bien ce que nous leur avons appris; et lorsqu'aujourd'hui, près d'un siècle après la conquête, on vient nous dire que les indigènes ignorent les principes les plus élémentaires de la civilisation moderne, qui ne voit que ce n'est pas là la condamnation des indigènes, dont l'élite, dès qu'elle a connu ces principes, n'a cessé d'en réclamer l'application, mais la faillite des procédés employés jusqu'à ce jour par l'Administration française.

L'homme est perfectible, il est modifiable. Qui donc osera se lever pour le contester. Si les indigènes n'ont pas évolué, c'est que nous n'avons pas su faire ce qu'il fallait pour cela, et ce n'est point ceux qu'il vise que l'argument frappe, mais ceux-là mêmes qui tentent de l'employer.

Et non moins étrange l'affirmation qu'il ny aura plus de sécurité le jour où il n'y aura plus ni pouvoirs disciplinaires, ni internement. Depuis quand les lois d'exception sont-elles toute la justice? Eh quoi! parce qu'en France il n'y a pas de pouvoirs disciplinaires aux Préfets et aux Sous-Préfets, il n'y a donc pas de sécurité.

Quoi, la sécurité ne peut donc reposer que sur l'arbitraire.

Et que voyons-nous, lorsque nous recherchons la nature des crimes qui se commettent en Afrique du Nord. C'est que la moitié ont la vengeance pour mobile.

Les Arabes se vengent eux-mêmes, entre eux, des dommages éprouvés, ou contre les colons des injustices subies. Et qu'avons-nous à leur opposer, nous qui leur avons montré les Administrateurs lésés par la non-application des règlements, requérir la peine et l'appliquer, être à la fois victimes et justiciers!

Depuis longtemps, en France, quelques hommes ont pris l'initiative de réclamer l'abolition des pouvoirs disciplinaires et de l'internement. Avec une tenacité et un courage admirables, le distingué Président de la Commission des Affaires Extérieures à la Chambre, M. Albin Rozet, s'est attaché à cette œuvre. Aujourd'hui, l'affaire est devant le Parlement. Que décidera-t-il, nous ne le savons pas encore. L'Administration résiste. On fera quelque cote mal taillée. On cèdera un peu. Et le problème de l'Indigénat qui n'est qu'un côté du vaste problème administratif colonial demeurera toujours posé. Ce n'est toujours pas en cette fin de législature qu'il pourra être résolu, hélas !

Et cependant, tant que l'Algérie vivra sous le régime des lois d'exceptions, il n'y aura pour le monde indigène ni possibilité de développement économique, ni possibilité de développement social. Il n'y a pas de commerce ni d'industrie possibles pour celui dont la liberté et l'indépendance sont à la merci de quelque fantaisie arbitraire ou de quelque basse vengeance. Les prolétaires de la ville et les misérables journaliers des campagnes demeureront courbés sous la servitude et sous la cruelle exploitation qui les opprime, parce que s'ils réclamaient des conditions de travail meilleures, des salaires plus élevés, s'ils tentaient de s'associer, de se syndiquer, de faire grève, on ne manquerait point de proclamer que c'est à l'instigation des Jeunes-Turcs de Constantinople, et la guillotine sèche de l'internement s'abattrait aussitôt sur les malheureux, assez audacieux pour ne pas trouver que tout est pour le mieux, quand les capitalistes et les colons s'enrichissent.

Mais lorsque de si grandes masses d'hommes sont ainsi asservies, lorsque c'est seulement par la crainte et par la terreur de la tyrannie et de l'arbitraire qu'elles acceptent leur sort, lorsqu'il leur semble qu'elles ne peuvent atteindre sinon à l'impossible justice, du moins au châtiment de l'injustice que par l'obscure vengeance des individus, c'est alors, — il faut que les adversaires des indigènes le sachent bien, — qu'il n'y a plus de sécurité pour personne.

L'Impôt.

C'est encore la conquête qui domine tout le système fiscal algérien, la conquête qui exempte le conquérant, mais qui frappe d'autant le vaincu. Car on aura beau tergiverser, se livrer à une gymnastique désordonnée de chiffres, comme le font les défenseurs officieux de l'Administration ; il y a un fait brutal contre quoi viendront se heurter tous les sophismes, même les plus apparemment mathématiques : c'est que, lorsque dans un pays, il y a des catégories de citoyens qui sont frappés de certains impôts, dont les autres sont exemptés, cela s'appelle l'inégalité devant l'impôt, et cette inégalité-là est contraire aux principes égalitaires de la France ; ils ne reposent que sur le droit du plus fort ; en l'espèce, ils sont un vestige de la conquête.

Or, il y a toute une catégorie d'impôts directs qui frappent la terre, dont seuls les Arabes supportent la charge ; ce sont :

1° *L'Achour,* impôt sur le revenu de la récolte

des céréales et affecté d'un coefficient, fonction de la qualité de la récolte.

2° *Le Hockor* qui a ceci de particulièrement français qu'il est un ancien tribut imposé aux terres conquises par l'Islam ; il ne fonctionne que dans la province de Constantine où il se superpose à l'Achour.

3° *Le Zekkat* n'est pas d'origine moins française que le précédent. C'est l'impôt imposé par le Coran sur le bétail et les chameaux.

4° *La Lezma* est enfin un impôt qui remplace l'Achour et le Zekkat en Kabylie. Il est difficile d'inaugurer une formule fiscale plus éclectique, car il frappe tantôt les individus par tête, tantôt une collectivité, tantôt il est un impôt par foyer, tantôt un impôt sur les palmiers.

Et que l'on n'imagine pas que ces impôts soient minimes. Voici ce que, d'après les statistiques fournies par l'Administration, on en retire d'après les dernières campagnes fiscales.

L'Achour rend 6 millions.

Le Hockor rend 1 million.

La Lezma, sous ses formes multiples, rend 2 millions.

La Zekkat rend 5 millions et demi.

Tels sont les impôts, dits arabes, qui frappent la propriété terrienne des indigènes. Ils représentent un chiffre d'à peu près 14 millions et demi.

Ceci établi, on disserte à perte de vue sur la

valeur respective de la propriété indigène et de la propriété européenne. Il y a, on est d'accord là-dessus, 746.000 colons et 4 millions et demi d'indigènes.

Les Européens détiennent 1.846.856 hectares; les indigènes en possèdent 5.800.000. Le malheur est que toutes les bonnes terres sont aux colons. Nous ne voulons pas prendre parti entre les chiffres fournis par M. Oualid et ceux fournis par M. Chauvin.

M. Oualid estime la valeur de la propriété non bâtie des indigènes à 744 millions, tandis que M. Chauvin l'élève à 876 millions. En ce qui concerne la propriété non bâtie européenne, M. Oualid l'estime à 800 millions, tandis que M. Chauvin ne lui trouve qu'une valeur de 694 millions. La moyenne de ces chiffres établira toujours la supériorité des terres européennes.

Mais la question essentielle qui se pose est celle-ci : en échange des 14 millions et demi d'impôts dits arabes, payés par les indigènes, que paye la propriété européenne ou juive? Elle ne paie rien, absolument rien. Tous les calculs, tous les raisonnements ne prévaudront pas contre ce fait brutal et inique, si l'on ajoute maintenant que les indigènes paient :

1° 7/10ᵉ des taxes locales, soit 9.700.000 francs.

2° 19 p. 100 des 11 millions, 2 de patente, soit 2.100.000 francs.

On constate que, pour les impôts directs, dont

la totalité est pour l'Algérie de 40.100.000 francs, les indigènes paient 65 p. 100.

Or, quelle est la valeur de la richesse privée, respectivement détenue par les Européens et par les indigènes. Ici, pour qu'on ne nous accuse pas de partialité nous allons prendre les chiffres les plus défavorables aux indigènes, ceux-là même fournis par le défenseur officieux du système fiscal algérien, M. Chauvin, professeur d'Economie politique à la Faculté de Droit, dans la thèse où il essaie de détruire l'argumentation si serrée de M. Oualid, dont il a déjà été question :

746.000 colons détiennent 3 milliards 191 millions ; 4 millions et demi d'indigènes détiennent 2 milliards 146 millions. M. Oualid, lui, ne trouve pour les indigènes qu'une valeur de 1 milliard 708 millions. Peu importe d'ailleurs.

Le Temps cite que, pour la seule année 1911, 13.201 viticulteurs ont exporté de leurs produits pour une valeur de 207.698.880 francs, soit une moyenne de 15.600 francs par tête.

Précisons ici avec M. Le Myre de Villers, que ce ne sont pas seulement les terres cultivées par les Européens qui sont affranchies de l'impôt foncier, mais encore celles qu'ils possèdent et qu'ils font cultiver par des Krammès, dispensés du paiement des impôts arabes. On a ainsi en quelque sorte reconstitué les Latifondia.

Les admirateurs et les défenseurs du système

actuel se rattrapent en essayant de faire intervenir les impôts indirects dont les indigènes ne paieraient, d'après eux, que 27 p. 100. Si même cela était démontré, en quoi serait établie la justice fiscale? Tout au plus, pourrait-on en déduire que les impôts indirects étant des impôts en grosse partie de consommation, et les indigènes étant au total beaucoup moins fortunés que les Européens, leur capacité d'achat se trouve moindre, d'autant plus qu'ils ont déjà un pourcentage considérable d'impôts directs à fournir. Mais les chiffres fournis à ce point de vue sont excessivement contestables, et l'accord est bien loin d'être fait à leur sujet.

En effet, en 1892, M. Clamageran admet que les indigènes payaient un peu plus de la moitié des impôts indirects, soit 36 millions, contre 33 aux Européens. Un peu plus tard, en 1908, dans son *Traité de Législation coloniale*, M. Girault admet que la part des indigènes ressort à la moitié. Par la suite, on arrive à nous établir qu'elle ne ressort plus qu'à 27 p. 100.

Nous croyons qu'en la matière il convient de s'en référer à ce qu'écrivait M. Oualid, en Décembre 1912, dans le journal l'*Echo d'Alger* :

« Laissons de côté, disait-il les impôts indirects et ceux que nous y avons assimilés (octroi de mer, droits de stationnement et d'abatage). Une double raison motive cette réserve.

« En premier lieu, n'étant pas perçus en vertu de rôles nominatifs, il est tout à fait hasardeux de déterminer la proportion dans laquelle chaque fraction de la population contribue à la masse de ces impôts. La preuve de ce caractère conjectural ressort de la façon même dont l'Administration établit le rapport précité. Partant du principe essentiellement hypothétique que la puissance consommatrice d'un indigène est huit fois moindre que celle d'un Européen (voire même quarante fois), elle en déduit que le premier supporte seulement par tête un huitième des taxes de consommation du second. Purement arbitraire, ce mode de calcul fait, en effet, abstraction d'une quantité de facteurs dont le problème se trouve compliqué et auxquels une simple et brève allusion est seule ici possible. La somme des taxes de consommation dépend moins de la quantité d'objets consommés que de leur nature même. L'alcool est un produit dont l'indigène, par raison religieuse, évite l'emploi, mais le sucre joue un rôle considérable dans son alimentation. Les cafés, les denrées coloniales sont, en général, avec les tissus, les élément principaux de sa consommation et ils acquittent une part notable tant des droits de douane que de l'octroi de mer.

« En second lieu, le caractère essentiellement différent de leur perception dicte la prudence dans l'assimilation des impôts directs aux impôts indirects. Ces derniers ont souvent, en un certain sens, la portée de simples taxes acquittées volontairement par le contribuable à l'occasion d'un acte particulier qu'il pourrait éviter, ou d'une consommation dont il se passerait facilement. Il en est autrement de l'impôt direct; lui seul est un impôt au sens strict du mot, celui dont le paiement est imposé aux contribuables et pour la perception duquel la communauté est armée vis-à-vis de l'individu de redoutables moyens de coercition.

« Donc, à ces deux points de vue, au point de vue scientifique d'abord... au point de vue financier ensuite... les impôts directs méritent seuls d'entrer en ligne de compte dans le parallèle des charges fiscales européennes et indigènes. L'optimisme des évaluations administratives s'en trouve alors singulièrement amoindri. »

On ne saurait mieux dire et l'on aura une idée précise des combinaisons par lesquelles M. Chauvin est arrivé à innocenter le système fiscal algérien, lorsqu'on saura qu'après avoir fait entrer dans son calcul d'évaluation de la répartition de la charge fiscale et celle de la richesse les impôts indirects, il en supprime aussitôt les prestations sous prétexte qu'elles ne frappent que la personne. Le malheur est que si ces taxes fournissent un rendement total de 10 millions et demi, la population indigène y participe pour 8 millions et demi !

Naturellement, en ajoutant ce que les Européens ne paient probablement pas (impôts indirects) et en retranchant ce que les indigènes paient sûrement, on arrive à une proportion un peu différente.

Mais ce n'est pas seulement d'une scandaleuse inégalité dans les charges que souffrent les indigènes, l'inégalité dans les profits de l'impôt est tout aussi certaine.

Le Temps, auquel les chiffres qui vont suivre sont empruntés, constate qu'il y a 268 communes de plein exercice. Or, les Européens qui les peuplent sont extrêmement peu nombreux. Avec leurs propres ressources, ils ne pourraient pas vivre. Aussi, dans ces cas, l'Administration n'hésite pas à se souvenir qu'il est de son devoir de ne pas laisser les indigènes végéter pendant des siècles sous la forme surannée des communes mixtes. Aux Européens qui ne paient pas d'impôts, elle ajoute des douars bien peuplés qui en paient, eux, plus que leur compte.

C'est ainsi par exemple que l'on compte, dans les communes de : *Enchir-Saïd*, 43 Français, 1.651 indigènes ; *Guettar-El-Aich*, 50 Français, 2.353 indigènes ; *Tlemcen*, 10.345 Français, 24.700 indigènes ; *Mirabeau*, 299 Français, 7.957 indigènes ; *Mekla*, 151 Français, 8.860 indi-

gènes; *Médéa*, 1.717 Français, 12.164 indigènes ;
Dellys, 1.064 Français, 12.779 indigènes; *Tizi-Ouzou*, 1.087 Français, 27.866 indigènes.

Or, nous avons vu que dans les communes de plein exercice les indigènes ne peuvent élire que le quart des membres du conseil municipal et ne participent pas à l'élection des maires. Ce sont donc les seuls colons qui ont l'administration et la répartition des fonds de la caisse municipale. On ne se fait pas d'illusions sur le résultat certain d'avance. Les colons — et c'est malheureusement très humain — commencent par se servir. C'est aux besoins de la ville ou du bourg qu'ils habitent que vont tout d'abord les fonds. A eux l'éclairage, la voirie, la vicinalité, les écoles. Mais les indigènes n'ont rien ou ils n'ont que ce qui reste, c'est-à-dire bien peu de chose. Que l'on passe du quartier européen, aux douars indigènes, et l'on s'apercevra qu'il n'y a pas d'éclairage, pas de chemins, pas de fontaines trop souvent, et pas d'écoles surtout, pour les enfants indigènes.

Les Musulmans ne sont pas aveugles; ils voient ces choses, ils les voient d'autant mieux qu'ils ont des leurs dans les conseils municipaux, et qu'il arrive parfois que dans le nombre des élus indigènes, il s'en trouve quelqu'un d'indépendant.

Ils savent qu'ils paient beaucoup et que ça ne leur profite pas. Ils savent, aussi, que sur toutes les mairies, on a écrit en lettres bien visibles : « Liberté, Egalité, Fraternité ». Ils doivent penser que nous sommes des humoristes très forts, et que si c'est écrit, c'est tout de même une plaisanterie ; seulement ces plaisanteries-là accumulent tant de colères et de haines au fond des cœurs, qu'elles finissent par coûter très cher à ceux qui les font.

De l'Enseignement des Hommes
et
de l'Education des Femmes.

L'arabophobie est une politique générale. Elle a son mot à dire en toutes matières. Elle ne s'en prive pas. Le problème de l'Enseignement est d'une portée qui n'échappe pas aux Arabophobes et l'instruction pour les indigènes n'a pas d'ennemis plus acharnés qu'eux.

« L'indigène résigné » dont rêve M. Ajam, ne doit pas être un indigène instruit. Pour se résigner, il ne faut jamais avoir entrevu de lueurs, et la connaissance n'est pas une bonne école de résignation. On pose en principe que l'Islam est éternel, qu'il est un obstacle invincible et l'on se détourne. Il n'y a plus qu'à licencier les instituteurs, fermer les écoles et renvoyer les élèves en n'oubliant pas de verser dans la poche des colons le budget de l'Instruction publique indigène.

Ceci n'est pas du paradoxe. C'est la triste vérité. Logiques avec eux-mêmes, les colons ont eu le tranquille cynisme de proposer cette solution infâme du problème scolaire et ils ont poussé l'inconscience jusqu'à proposer à la France de se déshonorer à leur suite.

Le 21 mars 1908, le Congrès des colons réuni à Alger, émettait le vœu suivant :

« Considérant que le résultat obtenu jusqu'ici par l'instruction primaire des indigènes est loin d'avoir donné chez ceux qui l'ont reçue des résultats satisfaisants ;

« Considérant que ces résultats ne justifient nullement les dépenses effectuées ou prévues;

« Emet le vœu que l'instruction primaire des indigènes soit supprimée ».

Non seulement les colons se refusent à subvenir aux frais de l'Enseignement des indigènes, mais encore ils entendent s'opposer à toute instruction des indigènes, alors même qu'elle ne leur coûte rien. Dans la commune de *Mirabeau*, par exemple, les indigènes qui ont toutes les charges de l'impôt, puisqu'ils sont 8.000 contre 300 Européens, lassés de ne pas obtenir une école pour leurs enfants, proposèrent d'en ouvrir une à leurs frais. La municipalité leur en refusa catégoriquement l'autorisation.

En France, les porte-paroles des adversaires des indigènes apportent plus de circonspection dans leurs propos; ils s'efforcent, surtout, de démontrer la non-éducabilité des indigènes. Naturellement, comme toujours, c'est l'Islam qui est mis en avant. On n'a pas tous les jours l'occasion d'avoir Renan avec soi. Sur ce point, les Arabophobes l'ont eu. Il a porté contre l'Islam les mêmes accusations qu'eux-mêmes. Si cela était démontré, il en résulterait simplement que nous devons redoubler d'efforts puisque, fatalement, tout progrès de l'Instruction marquera un recul de l'emprise religieuse. Mais cependant, à y regarder d'un peu près, il ne semble nullement que ni les Arabophobes ni même Renan, égaré d'aventure en leur compagnie, n'aient raison dans leurs attaques contre l'Islam sur ce point. Quelques textes éclaireront mieux que toutes affirmations pures et simples la position de l'Islam vis-à-vis de l'Instruction. Le Prophète a dit :

« Celui qui possède une faible dose d'instruction vaut celui qui consacre la plus grande partie de son temps à la dévotion. »

L'Iman Essajouthi, déclarait :

« Recherchez la science, eussiez-vous à vous transporter en Chine ; la recherche de la science est une obligation imposée à tout Musulman. »

Dans le Coran, on peut lire :

« L'étude vaut le jeune et la prière... la science sauve de l'erreur et du péché ; elle éclaire le chemin du Paradis ; elle est notre compagne dans le voyage, notre confident dans le désert, notre société dans la solitude ; elle nous guide à travers les plaisirs et les peines de la vie, nous sert de parure auprès de nos amis et de bouclier contre l'ennemi ; c'est par elle que le Tout Puissant élève les hommes qu'il a destinés à prononcer sur ce qui est vrai, sur ce qui est bon... Qui l'enseigne craint Dieu ; qui en parle loue Dieu ; qui discute pour elle, combat pour Dieu ; qui la répand, distribue l'aumône ; qui la possède, devient un objet de vénération et de bienveillance ».

Que l'on cite une religion qui ait jamais fait un plus bel éloge de l'Instruction et quelle arme entre nos mains que ces prescriptions, si au lieu d'ânonner des truismes imbéciles, nous avions su nous en servir.

L'Islam est si peu un obstacle à l'Instruction que, dans un rapport publié en 1878 par M. de Salve, recteur de l'Académie, on peut lire ces lignes :

« L'Instruction primaire était plus répandue en Algérie sous la domination turque, qu'on ne le croit généralement. A côté de chaque mosquée ou de chaque Lieu-Saint se trouvait une école connue sous le nom de Zaouïa, Mecid ou Derer, entretenue aux frais de la mosquée ou par des fondations pieuses, et dans lesquelles les enfants apprenaient de 6 à 15 ans la lecture et l'écriture arabe et quelquefois le Droit coutumier. »

Et M. de Salve, après avoir exposé que l'Enseignement supérieur se donnait dans les Medraça et était fréquenté par plus de 3.000 étudiants, constate que, quelques années après notre venue, il y avait encore, dans les écoles primaires arabes, plus de 28.000 élèves.

Les Arabophobes sentent trop bien la fragilité de la thèse qui consiste à rejeter sur l'Islam la responsabilité de tout leur effort d'oppression et d'ignorance pour ne pas essayer de s'appuyer sur autre chose. Il leur arrive de prendre posture de ce qu'ils appellent les intérêts bien entendus des indigènes.

A quoi bon, disent ces utilitaires inattendus, donner aux indigènes un enseignement moral et intellectuel; laissons de côté ces billevesées, condamnées jadis avec tant d'éclat et de succès par M. Thiers en personne et donnons aux indigènes un enseignement qui leur soit profitable. Or, le seul dont ils puissent tirer partie, c'est l'enseignement professionnel. Ainsi nous aurons de bons journaliers, de bons ouvriers habiles en leur métier et de plus parfaitement « résignés».

La diversion est habile et vaut d'être examinée de près. Le grand reproche que l'on peut faire en France à l'enseignement populaire, c'est l'insuffisance de l'enseignement professionnel et technique. La supériorité économique, industrielle et commerciale de l'Allemagne, est en partie due au soin avec lequel nos voisins ont perfectionné chez eux cette branche de l'instruction.

Mais ce qui est profondément absurde, c'est d'opposer l'un à l'autre l'Enseignement intellectuel et l'Enseignement professionnel, parce que loin d'être antagonistes, ils sont complémentaires. Qui ne voit en effet que ce n'est guère que vers 14 ou 15 ans que les enfants sont aptes à apprendre un métier, et que c'est justement l'époque où leur éducation primaire est complètement terminée. Depuis quand, surtout, fait-on de remarquables ouvriers avec de parfaits ignorants. L'éducation professionnelle ne se fait pas avec de parfaites brutes. C'est à toute l'activité intellectuelle que de plus en plus la technique moderne, aussi bien agricole que journalière, fait appel. L'infériorité de travailleurs dont l'intelligence n'aurait même pas été éveillée serait certaine.

Mais c'est lorsque l'on passe à l'étude des moyens pratiques de réaliser cet enseignement en Algérie que l'on trouve mieux encore l'arrière-pensée des promoteurs de cette idée. Chaque élève, dans les écoles professionnelles, coûte au moins 8 fois plus que dans les écoles primaires. Ainsi, avec le budget actuel, on aurait 8 fois moins d'enfants instruits techniquement, que l'on en a d'instruits intellectuellement.

Pratiquement, le résultat d'une telle méthode serait la suppression de l'Enseignement primaire, et son remplacement par des écoles, dont l'unique fonction serait de créer une petite pépinière où les colons trouveraient, pour leurs besoins, de bons ouvriers et de bons journaliers.

Les Arabophobes n'ont pas de plus haute ambition pour la mission éducatrice de la France.

*
* *

Deux faits illustreront la lutte sourde menée par certains éléments algériens contre l'Enseignement des indigènes : la situation faite aux instituteurs indigènes et la création des Ecoles Gourbis.

La situation des instituteurs indigènes est contraire à tous nos principes d'égalité, car à des capacités et des diplômes égaux ne correspondent pas des situations égales.

Tandis, qu'en effet, l'instituteur français débute à 1.500 francs et peut arriver jusqu'à 2.900, l'instituteur indigène lui, débute à 1.400 francs, et ne peut pas monter à plus de 1.700 francs. De plus, il ne bénéficie d'aucune des indemnités de résidence, de direction, de surveillance dont le cumul peut élever le traitement de 800 à 1.000 francs.

On voit combien est pénible la situation financière d'un maître indigène. Il en est qui ont 7 ou 8 enfants, — on en pourrait citer un qui a 9 enfants, ce qui fait, avec lui et sa femme, 11 personnes à entretenir. Il touche 1.200 francs, soit 9 francs par personne et par mois!

Il est inutile de parler des postes dévolus aux maîtres indigènes. Ils n'ont que les plus misérables, les plus perdus dans le bled lointain.

Quant à leur situation morale, elle est encore pire. Le maître indigène reste toute sa vie stagiaire. Quels que soient ses diplômes, il ne sera jamais que délégué, et à toutes les minutes de son existence sa délégation peut lui être retirée, car il n'y a pour lui aucun statut légal; il est complètement entre les mains de l'Administration, qui peut se livrer à son égard, à toutes les fantaisies de l'arbitraire.

Dans les colonies anglaises, on repousserait avec indignation un pareil système. Nous le pratiquons, nous, dans nos colonies. Et comment pourrait-on tenter de justifier cette inégalité monstrueuse, si ce n'est par le secret désir d'écarter les indigènes de tout ce qui touche l'Enseignement.

La création des Ecoles-Gourbis, qui fut un véritable scandale, est encore plus typique s'il est possible.

En 1907, l'Algérie ayant eu besoin de contracter un emprunt, le Parlement y consentit, mais il mit comme condition que l'on distrairait une somme de 5 millions qui serait affectée uniquement à l'amélioration de l'instruction primaire des indigènes.

Pour avoir l'emprunt, il fallait accepter, mais cela ne faisait guère l'affaire des colons hostiles à tout enseignement indigène. Aussi, pour tourner la difficulté, on imagina un système de sabotage de l'Instruction aussi hypocrite que malfaisant. Au lieu de créer de nouvelles écoles primaires indigènes, on créa un nouveau type d'écoles : les écoles auxiliaires. Les maîtres en furent recrutés dans les écoles primaires, parmi les jeunes gens ayant tout juste leur certificat d'études primaires élémentaires.

Au bout de quelques mois seulement, passés auprès des Directeurs des Ecoles primaires, les nouvelles recrues furent nommées Moniteurs dans les classes isolées, sous la surveillance de leurs maîtres, ils touchaient un traitement de 600 francs. Le moindre défaut de ces jeunes gens, presque des enfants dans bien des cas, était de ne rien savoir, ni le français, ni l'orthographe, ni la syntaxe, ni rien. Ils auraient eu besoin de passer encore 2 ou 3 années à l'Ecole pour leur propre compte, et on les chargeait de l'éducation des jeunes indigènes.

Ils se couvrirent eux-mêmes de ridicule, et, par dessus le marché, ils ridiculisèrent notre Enseignement.

Ceux qui ont eu entre les mains quelques spécimens du style et de l'orthographe de ces malheureux moniteurs auxiliaires, n'ont pu se défendre d'un sentiment de colère et d'indignation contre les auteurs de cet abus de confiance, commis contre la France. A l'heure actuelle, ces

Ecoles que l'on a dénommées Ecoles-Gourbis et pour la construction desquelles on a refusé de dépenser plus de 5.000 francs, sont dans un assez triste état.

Etant données les protestations soulevées par tous les honnêtes gens d'Algérie et tous les Français au courant, il est probable que lorsqu'elles s'écrouleront on ne les relèvera pas. Il ne nous en aura coûté que quelques millions.

*
* *

La moindre enquête dans les Ecoles d'Algérie suffirait à faire s'évanouir cette légende ridicule de l'incapacité des indigènes à recevoir l'Enseignement primaire.

De tous temps, les Musulmans ont appris la lecture et l'écriture. Un vrai-croyant doit pouvoir lire le Coran. Aujourd'hui les indigènes, surtout ceux de race Berbère qui sont la grande majorité, se rendent parfaitement compte de la haute utilité qu'il y a pour eux à recevoir l'instruction. Il ne leur échappe pas que quoiqu'ils soient : ouvriers, agriculteurs, commerçants, ils sortiront de nos écoles mieux armés pour la lutte économique. Partout ce sont les indigènes eux-mêmes qui, dans les conseils municipaux, s'efforcent d'obtenir pour leurs compatriotes l'ouverture d'Ecoles primaires; et là où les Français font faillite à leur devoir, c'est eux-mêmes qui, avec leurs propres deniers, proposent d'en ouvrir.

Aussi bien, avant de proclamer la faillite de l'Enseignement primaire, les Congrès de colons feraient mieux de rechercher dans quelle mesure les indigènes ont été appelés à bénéficier de nos Ecoles. On verrait tout de suite de quel côté se trouve la faillite. Il y a en Algérie 5 à 600.000 enfants en état d'aller aux Ecoles primaires ; or, il n'y en a dans ces Ecoles, guère plus de 20 à 30.000. Le reste est abandonné à l'éducation de la rue et des ruisseaux.

Les jeunes indigènes font cependant de très bons élèves ; leur niveau moyen n'est en rien inférieur à celui des jeunes Français, et c'est un fait très connu que, dans les écoles mixtes d'Européens et d'indigènes, les meilleurs élèves de chaque classe sont généralement des indigènes.

L'un des meilleurs moyens de pénétration que la France ait à sa disposition, c'est, qu'on le veuille ou non, l'instruction qui répand sa culture et fait aimer son génie. Il est possible que ce soit là ce que beaucoup redoutent, mais ce sont des considérations dans lesquelles la Métropole n'a pas à rentrer.

Si cependant les colons voulaient bien réfléchir, ils s'apercevraient aisément que le maintien dans l'ignorance des masses est contraire à leurs propres intérêts. L'ignorance, c'est la stagnation économique des masses ; l'instruction, c'est, au contraire, la multiplication des besoins, et, par conséquent, l'accroissement de la faculté d'achat et de consommation. Il y a 750.000 colons en Algérie, mais il y a près de 5 millions d'indigènes. C'est une véritable aberration pour quelques petits profits immédiats, lourdement grevés de périls, que de se refuser à ouvrir à cette masse la porte du grand mouvement économique moderne. Ceux qui croient y gagner ne savent pas ce qu'ils y perdent.

*
* *

Il n'est pas de colonies où le problème de l'éducation de la femme se pose à la fois avec une plus impérieuse nécessité et de plus grandes difficultés, que dans les colonies musulmanes, car ici, ce qu'il y a à vaincre, ce n'est pas seulement l'impéritie administrative, les intérêts plus ou moins bien compris des colons, c'est encore les plus odieux préjugés des indigènes eux-mêmes. Et cependant, tant qu'ils n'auront pas surmonté ces préjugés, ils se trouveront — il faut qu'ils le sachent — bien inférioriés, tant pour leur développement intellectuel et moral que pour leurs revendications. Car, chaque fois qu'ils se plaindront de l'état d'oppression où on les maintient et de la sujétion où ils se trouvent, on pourra toujours leur répondre :

« Mais, vous-mêmes, qu'avez-vous donc fait de vos femmes » !

Il faut encore ici détruire une légende trop répandue — toujours la même d'ailleurs, — celle qui consiste à imputer à l'Islam la responsabilité de la situation faite aux femmes musulmanes.

Rien n'est plus contraire à la vérité. La claustration des femmes et le port du voile sont nés de sentiments tristement humains, mais non de prescriptions religieuses.

Nulle part, dans le Coran, la servitude des femmes n'est imposée, ni même proposée. Quant au voile, il est si peu de prescription religieuse, que la majeure partie des femmes musulmanes de l'Afrique du Nord ne l'a jamais porté. Seules y sont assujetties les femmes arabes, c'est-à-dire une toute petite minorité. Les Kabyles, les Berbères ne l'ont jamais connu; ce qui, d'ailleurs, n'empêche nullement leur servage et leur mise hors de toute vie sociale. La femme kabyle sort dans la rue, va dans les villages, à la fontaine par exemple, mais nul, s'il n'est son père, son mari ou son frère, ne lui peut adresser la parole. Ceux-là seuls, dans la maison, ont le droit de pénétrer dans les appartements réservés où elle vit.

On voit tout de suite ce que représente d'incomplet et de desséché une société d'où la femme est complètement excluc.

Ce n'est pas par une simple coïncidence, qu'à travers l'histoire, le plus haut degré d'une civilisation a toujours correspondu au plus haut degré d'émancipation de la femme. Il y là au contraire une étroite relation de cause à effet. Les sociétés où la femme est esclave n'ont jamais été et ne seront jamais que des sociétés barbares.

Et ceci, pour des raisons multiples. La présence de la femme constitue toujours dans un milieu, dans une société, un puissant moteur de l'activité intellectuelle. La physiologie — quand on la connaîtra — dira un jour tout ce qu'il y a de sexuel dans la vie cérébrale. Mais sans s'attarder à des considérations où la science tâtonne encore, qui ne voit le rôle émulateur que la femme a toujours joué. Il est presque certain que dans une société, tout ce qui n'est pas déterminé par le substratum économique dépend de la femme. Elle est la grande inspiratrice de l'Art. Supprimez la femme, et vous supprimez d'un seul coup toute la littérature, toute la musique. Des chansons de geste aux plus modernes de nos poètes, en passant par la Renaissance, le XVIIe et le XVIIIe siècles, c'est toujours la femme et l'amour qu'ils chantent. Imagine-t-on un Racine ou un Fénelon, sans l'atmosphère féminine du grand siècle. Qui dira ce qu'elles suscitèrent d'idées dans les milieux de l'Encyclopédie. Si un moment elles se sont effacées, passant à l'arrière-plan, c'est qu'au premier, il n'y avait plus place que pour la sauvage barbarie des guerres de l'Empire. Toute la musique est féminine, dans son essence, quand ce n'est pas pour quelqu'une d'entre, les femmes qu'elle a été composée.

Que tous ceux qui ont fait quelque chose sur la scène du monde rentrent au fond d'eux-mêmes. Combien pourraient dire qu'à la base de leurs actes les plus importants, de leurs attitudes les plus décisives il y a eu une femme ou des femmes.

Mais ce n'est pas tout.

Plus encore peut-être que compagne de l'homme, elle est mère. Or, quelle peut être la valeur d'éducatrice de la femme claustrée au fond des gynécées, ignorant tout de la vie.

Il faut rendre justice au grand effort vers la civilisation moderne tenté par les Jeunes Musulmans, mais toute tentative qui ne s'accompagnera pas d'une libération graduelle et systématique de la femme, et ne s'efforcera pas de lui restituer la place qu'il est nécessaire qu'elle occupe dans toute société civilisée, est condamnée d'avance à l'avortement. Ils l'ont senti assurément, et le reproche qui leur est fait de condamner leurs propres femmes à l'existence claustrée n'est pas entièrement fondé, car il ne tient pas compte d'un élément important : l'éducation antérieure que celles-ci ont reçue. Elevées d'après les méthodes anciennes, elles répugnent souverainement à sortir de leur triste situation. Il n'est peut-être pas de sentiment qui repose davantage sur les préjugés d'un moment que celui de l'honneur. Or, les femmes indigènes de la génération qui a aujourd'hui trente ans sont encore parfaitement convaincues qu'à se mêler à la société des hommes, elles seraient à tout jamais déshonorées.

Je me souviens, que me promenant un jour dans un douar perdu de la Kabylie, aux pieds du Djurdura, toutes les femmes, du plus loin qu'elles me voyaient, s'enfuyaient dans leurs demeures. La curiosité féminine n'y perdait rien d'ailleurs, car à mesure que j'avançais dans les ruelles, je pouvais apercevoir à travers tous les joints de portes et tous les trous de serrure de sombres yeux, fixés sur l'étranger.

Je fus une fois admis à l'insigne honneur de pénétrer dans le gynécée de la famille d'un vieux Caïd. Son neveu, un jeune Musulman de mes amis, dit à son oncle en parlant de moi : « Il est comme mon Frère et tu l'as reçu comme ton Fils ; les Frères et le Fils peuvent visiter les femmes de la maison ! » Je ne sais si le vieux caïd fut aussi ébloui que cela de cette casuistique à la Gorenflot, toujours est-il qu'il accéda au vœu de son neveu. J'ai conservé de cette visite aux jeunes femmes kabyles un souvenir charmant.

Elles avaient mis leurs plus belles et plus éclatantes toilettes : au cou, aux bras, à la tête, ces étranges bijoux kabyles faits d'argent massif et de corail, dont le poids peut être de plus d'une livre. Nous avons causé. Elles semblaient surtout curieuses des choses de l'Occident, et toutes heureuses de cette infraction à la coutume, qui rompait la longue monotonie de leur existence; mais au fond de leurs grands yeux noirs, toujours si admirablement beaux, il y avait comme un effarouchement apeuré et une sourde inquiétude.

« Cela fera, me dit mon ami, le neveu du Caïd, une véritable révolution dans le douar et je souhaite que votre visite en apportant à ces jeunes femmes l'écho de la vie moderne, attise leur curiosité et leur en donne le goût; car hélas! ce qui leur manque le plus, c'est le désir de modifier leur existence ».

Ce n'est donc pas de la femme indigène qu'il faut attendre un effort d'émancipation; une trop longue tradition de servitude pèse sur elle. Ce doit être l'œuvre de l'homme, le grand coupable, qui a sa faute, son crime, à réparer.

Les Jeunes Musulmans ont commencé, en faisant la seule chose qui leur était possible, en élevant leurs filles à l'Européenne. Il faut qu'ils fassent autour d'eux un immense effort de propagande; c'est une besogne urgente et à coup sûr la plus féconde pour l'avenir et l'émancipation de leur race.

Une race ne s'émancipe pas quand elle condamne la moitié d'elle-même au servage éternel.

La France a ici une œuvre à accomplir et une œuvre d'importance. C'est dans des problèmes comme celui-là que l'instruction joue un rôle capital. Elle seule peut surmonter les préjugés. Hélas! on a vu l'insuffisance des Écoles primaires. Mais ici c'est l'Enseignement professionnel, bien que cela puisse paraître un peu inattendu, qui pourrait être appelé à servir d'instrument d'éducation et d'émancipation morale. Nous avons vu qu'il ne peut guère commencer que vers 14 ou 15 ans; or, c'est justement le moment où l'on commence à cloîtrer les jeunes filles. Par l'École professionnelle, les voilà en quelque sorte obligées de demeurer plus longtemps au milieu de leurs semblables. Mais ensuite, lorsqu'on leur aura mis un métier entre les mains, elles seront bien tentées de s'en servir — du moins pour les femmes des familles pauvres. Ce n'est plus heurter le préjugé contre le raisonnement, c'est le heurter contre l'intérêt, puissant mobile qui a de grandes chances de vaincre.

Lancée dans le mouvement de la vie économique, la femme est désormais assurée de son émancipation.

Sans doute, la voilà livrée au capitalisme qui l'exploite. Mais hélas, c'est un phénomène réalisé déjà pleinement dans toutes les sociétés modernes. C'est une étape par laquelle il faut passer. Les femmes indigènes bénéficieront de tout le temps d'évolution accompli dans le monde occidental, puisqu'à coup sûr, la même transformation sociale qui libèrera leurs sœurs civilisées d'Europe, d'Amérique et d'Australie, les libèrera aussi. Pour aller d'un point à un autre, il faut parcourir toute la distance; on passe plus ou moins vite, mais on ne saute rien de la distance.

Il existe en Algérie quelques Écoles professionnelles pour femmes. Mais il n'est pas téméraire d'affirmer que, cependant, presque tout est à faire.

Les Colons.

Les colons de l'Afrique du Nord ont de nombreux et véhéments défenseurs. Ils ont, d'abord, les représentants de l'Algérie, dont ils sont les électeurs ; ils ont toute la presse ou presque toute la presse d'Afrique dont ils sont les lecteurs. Ils ont aussi l'Administration, parce qu'ils la tiennent complètement dans leurs mains.

On les a tour à tour représentés comme les adversaires naturels des indigènes ou comme leurs alliés non moins naturels. Et l'on a eu également raison dans les deux cas, selon le point de vue auquel on se plaçait pour les juger.

Nous avons lu des pages enthousiastes sur l'effort des colons pour fertiliser la terre et défricher le bled.

Convenons-en volontiers. Ce fut souvent pour eux une besogne rude, qui nécessita infiniment de courage et de persévérance. Il faut en féliciter ceux qui l'accomplirent. Mais tempérons notre enthousiasme en nous rappelant cependant, que nul motif plus élevé que celui du bon bénéfice à réaliser, ne les a jamais poussés. Venus sur la terre africaine, de tous les rivages de la Méditerranée, avec l'intention bien arrêtée de faire fortune, ils s'y sont acharnés avec une tenacité louable. Mais ils ont eu leur récompense, car ils y sont parvenus dans la plus large proportion, si l'on en croit les apparences extérieures et la statistique des automobiles, par exemple, qui nous révèle, qu'au 1er octobre 1911, les colons d'Algérie possédaient 2.974 automobiles d'une valeur totale de 28 millions et demi, soit une automobile pour 247 colons; alors qu'en France, on ne trouve au même moment qu'une automobile pour 615 habitants.

Et combien en France et en Europe, de millions d'êtres humains qui s'acharnent à réaliser la fortune à travers les pires difficultés, combien plus nombreux encore ceux qui savent que leur rude labeur ne les mènera jamais qu'à gagner leur pain quotidien et dont le travail de forçats est sans horizon et sans espérance.

Ceci n'est point pour diminuer le mérite des colons, mais seulement pour mettre toutes choses au point et ne pas nous laisser aveugler par les hyperboles d'une littérature trop intéressée.

On a constaté au cours des études qui précèdent la résistance de ce que l'on pourrait appeler l'esprit colon à l'application des principes qui sont en France la base des droits des citoyens.

Il serait peut-être facile d'expliquer en partie cette mentalité, en recherchant les origines nationales de la majorité des colons. Les Français de France y sont, si anormal que cela paraisse, une simple minorité.

En Algérie, sur 740.000 Européens, il y a moins de 400.000 Français, en comprenant parmi ceux-ci les indigènes naturalisés et les indigènes israélites. En 1899, le gouverneur général Lafférière constatait que parmi les électeurs, les naturalisés et les non-Français d'origine représentaient 21 p. 100 du corps électoral. Aujourd'hui, il est possible d'affirmer qu'ils en forment bien 40 p. 100. En effet, si on consulte le tableau de recrutement de 1908, on trouve que sur 6.205 inscrits, 1.677 seulement étaient nés de parents français, soit 43 p. 100 de l'effectif total.

La population d'origine française peut être tout au plus évaluée à un tiers.

Dans la seule province d'Oran, il y a 92.386 naturalisés et 29.058 israélites, soit 121.444 individus non français contre 93.979 Français.

En Tunisie, même situation.

En 1911, sur une population totale de 148.476 habitants, on compte seulement 46.044 Français, et parmi ceux-ci, on ne trouve que 41.878 Français de naissance. En revanche, il y a 88.000 Italiens, 11.300 Maltais et environ 2.800 autres Européens.

Si l'on veut bien réfléchir à ces chiffres en

France, on pourra en manifester quelque inquiétude. Il y a de graves et sérieuses déductions à en tirer. Nous n'y manquerons pas quand le moment en sera venu. Bornons-nous, pour le moment, à constater qu'ils pourraient utilement servir d'épigraphes à quelques-uns de ces étranges vœux que nous envoient certains Congrès de colons et dont l'esprit est si manifestement contraire à tout l'esprit et à toute la tradition de la France.

Il n'est pas douteux qu'entre colons et indigènes, il y ait, sur beaucoup de points, des liens de solidarité naturelle. Nous verrons même que les antagonismes qui existent, sont en majeure partie artificiels et dérivent de la mauvaise organisation des choses. Il n'est pas douteux par exemple, que pour la culture, le colon a besoin du journalier indigène, du fermier ou du métayer indigène. De même, le commerçant, l'artisan, l'industriel, trouvent chez l'indigène une excellente main-d'œuvre. Par ailleurs, l'indigène bénéficie des améliorations que le colon réalise pour son propre compte : routes, chemins de fer, etc. De lui, il apprend des métiers nouveaux, des manières de vivre supérieures et plus raffinées. Par l'exemple du colon, il a amélioré les conditions de son commerce, mais surtout il a rénové toute sa technique agricole.

C'est le beau côté du problème. S'il n'y avait que celui-là, colons et indigènes pourraient fraterniser dans la mesure du régime capitaliste et des possibilités humaines. Il en est un autre malheureusement et qui dresse colons et indigènes en une opposition d'intérêts qui n'est que trop réelle.

Il y a d'abord la question des salaires. Il ne s'agit pas ici de nous parler des bons sentiments des colons. Je pose en principe que tous les colons ont des cœurs d'or. Le malheur est que ces cœurs battent au milieu du régime de la libre concurrence. Si l'un d'entre eux produit à moins bon compte que ses voisins, il ne gagnera pas de l'argent, il en mangera. C'est la loi inflexible du Capitalisme. Dans les problèmes économiques, les questions de sentiment n'ont malheureusement rien à voir. L'intérêt actuel du colon est de payer son journalier le moins cher possible. Il peut le regretter lui-même, peu importe, c'est un fait. Mais de ceci se dégage le désir bien naturel du colon de ne pas voir les salariés indigènes s'entendre, se coaliser pour réclamer des salaires plus élevés (et ceux qu'on donne sont dérisoires). Or, la plus sûre garantie contre toute tentative d'émancipation économique, n'est-ce pas justement l'indigénat et l'internement qui permettraient, au besoin, de se débarrasser des initiateurs d'un mouvement, sans même donner d'explication. Donc, maintien de l'indigénat et de l'internement : tel est le premier désir des colons.

Et si l'on consent à supprimer partiellement ces deux formules juridiques, sous la poussée de l'opinion publique française, on en réservera toujours l'usage pour les possibilités de cet ordre. On pourra en libérer les notables, les commerçants, les gens instruits, mais non point le prolétariat; du moins, on fera tout pour l'éviter.

L'instruction aussi est, dans ce cas encore, l'ennemie, car elle s'accompagne toujours d'aspirations vers le mieux être. Et voilà déjà un large fossé sur des problèmes essentiels.

Ce n'est pas tout. Le colon est un privilégié et il a ses privilèges à maintenir. Il est, nous l'avons vu, tout d'abord un privilégié de l'impôt, dont ses terres sont rigoureusement exemptées. Il est un privilégié dans la répartition des produits de l'impôt, puisqu'il est, par le statut électoral, assuré d'une majorité sur les indigènes dans toutes les assemblées délibérantes. Et voici les colons tout naturellement défenseurs du système fiscal actuel, comme de la limitation des droits électoraux des indigènes, dont l'élargissement pourrait mettre en péril leurs privilèges.

Ainsi, à peu près dans tous les domaines, on a créé ou laissé se créer de violents antagonismes d'intérêts entre colons et indigènes, antagonismes dont quelques-uns auraient pû parfaitement être évités.

Que beaucoup de colons, ceux du moins qui

sont des Français de France, soient eux-mêmes affectés de cet état de choses, ce n'est pas douteux. Beaucoup ont apporté là-bas les sentiments et l'esprit démocratiques qui animent les masses en France, tout comprimé que cet esprit puisse être par le régime capitaliste. Ils se lamentent de la situation faite aux indigènes.

Mais ceux-là, les statistiques le prouvent, ne sont pas la majorité, et c'est la majorité qui fait la loi, qui gouverne, conséquence d'ailleurs redoutable qui se répercute sur toute notre Administration, car les colons la tiennent tant qu'ils veulent entre leurs mains. Ils la tiennent par les Conseils généraux et par les Délégations financières. J'ai la certitude que, dans le fond de son âme, l'Administration n'est pas hostile aux indigènes. Presque toujours, lorsque les hommes de notre Administration coloniale parlent des indigènes de nos diverses colonies, soit dans leurs rapports soit dans leurs écrits, il se dégage de leurs propos la claire conscience qu'ils ont d'un grand devoir de civilisation à accomplir et le souci de retrouver, même chez les plus primitifs des sauvages, l'éminente dignité de l'être humain. Il y a eu de tristes exceptions, mais ce sont encore une fois des exceptions, Sans aller bien loin de l'Algérie, par exemple en Afrique Occidentale, il suffira de lire les belles circulaires de M. Ponty et de regarder les résultats de ses efforts pour lutter contre l'Islam et le cléricalisme musulman, multiplier les écoles françaises, introduire l'hygiène et combattre impitoyablement l'alcoolisme. C'est que M. Ponty est indépendant; il ne relève guère que de la France et de sa conscience.

En Afrique du Nord, il en va bien différemment; entre l'Administration générale et les indigènes, il y a les intérêts plus ou moins bien compris des colons, mais compris par ces derniers dans un sens antagoniste de ceux des indigènes. Or, on ne gouverne pas contre les colons et voilà l'Administration mise en demeure, non de choisir, mais de prendre parti contre les indigènes, sur les points essentiels que nous avons signalés plus haut (1). Comme on comprend alors l'impatience avec laquelle certains éléments algériens supportent le contrôle de la France et les aspirations autonomistiques se font jour sur la terre africaine, oh! timidement sans doute. Mais que l'on y prenne garde.

On a beaucoup parlé du nationalisme musulman et des périls qu'il comporte. Nous avons vu ce qu'il en fallait au juste penser. Mais n'y at-il pas aussi à côté, beaucoup plus dangereux,

_____

(1) De cela, M. Alapetite, Résident Général en Tunisie, fit la cruelle expérience. Ce Résident très attaqué en France et dont la haute probité méritait des jugements plus justes, ayant voulu manifester quelques sympathies aux indigènes, se vit opposer par les colons une Conférence Consultative dont 18 membres sur 21 lui étaient hostiles.

beaucoup plus grave une manière de nationalisme algérien. Est-ce qu'il n'est pas naturel que tous ces éléments naturalisés par masses, dont le nombre va croissant, et qui n'ont jamais été français, soient plus algériens que français?

Ubi bene, Ubi patrià! C'est humain et c'est très vieux. Eh! sans doute, l'autonomie, ce serait la domination assurée d'une minorité hétérogène sur la masse énorme des Musulmans. Ce serait le maintien de la servitude, le maintien des privilèges. C'est alors aussi, sans doute, qu'il n'y aurait plus pour les indigènes qu'à « se résigner », ou à recourir à l'ultima ratio, de la servitude et du désespoir.

Mais quel péril pour la France, si tout cela se faisait en son nom.

Et contre tous ces dangers, sur quoi s'appuiera-t-elle, si elle n'a pas sû se concilier le monde musulman? Ce sont des problèmes qu'il faut maintenant examiner.

TROISIÈME PARTIE

Les Socialistes et les Indigènes.

Socialisme et Colonialisme.

L'expression « Politique coloniale » a un double sens, qui prête souvent à de fâcheuses confusions. C'est ainsi que, lorsqu'on parle de la politique coloniale de la France, tantôt on veut faire allusion à cette politique d'expansion qui se propose d'accroître par des moyens variés notre domaine colonial, tantôt à l'attitude que nous adoptons à l'égard des pays et des peuples tombés sous notre domination, au point de vue de leur régime intérieur, et que pour désigner, le mot Administration semble un peu étroit.

Quoi qu'il en soit, c'est à l'abri de cette confusion que l'on a pu, non sans quelque ridicule d'ailleurs, dénier aux socialistes le droit d'intervenir dans les problèmes de la politique administrative de nos colonies.

Et quoi ! nous dit-on, vous êtes contre toute politique coloniale ; alors soyez donc logiques avec vous-mêmes et ne vous mêlez pas des colonies. Ne troublez ni le repos des Administrations qui régentent les indigènes, ni surtout ne vous avisez de troubler les brillantes opérations des grands requins, qui, par delà les mers, s'enrichissent dans les grandes concessions, de terres, de forêts, de mines, etc., le plus souvent en dépouillant et la France et ses sujets indigènes. C'est surtout à ce dernier point de vue que l'on nous adresse les plus véhéments reproches, et cela s'entend...

Je le regrette infiniment, mais le Socialisme international est rigoureusement logique avec lui-même, en s'élevant d'une part contre les conquêtes coloniales, et en prenant d'autre part, nettement position en faveur des indigènes. Pour ce second point de vue — et nous verrons tout à l'heure les motifs du premier — il n'est pas inutile de rappeler que le Socialisme a d'assez vastes ambitions et que l'on peut dénoncer ici sans trahir un secret d'Etat. Le Socialisme se propose modestement de conquérir l'Univers. C'est une besogne à laquelle il s'est attelé fort résolument, et qu'en dépit des pleurs et des grincements de dents, il continuera avec d'autant plus d'énergie qu'il semble qu'il y réussisse assez bien. Que l'on consulte à ce sujet les statistiques, et l'on verra qu'en beaucoup moins d'un demi-siècle, il a fait assez de progrès pour affirmer, lui aussi, que le soleil ne se couche pas sur son drapeau rouge, et que chaque jour ses forces grandissent dans une proportion et avec une rapidité que dans toute l'histoire du monde n'ont jamais connu, ni aucune religion, ni aucune doctrine politique.

De ce fait, que le Socialisme considère que le monde lui appartient, il en résulte que ses habitants lui appartiennent aussi, et dès maintenant, ceux auxquels il entend faire appel pour se réaliser, c'est-à-dire les exploités de toutes catégories. Les peuples non encore parvenus au stade de la civilisation capitaliste lui appartiennent comme les autres et aussitôt qu'il leur arrive de tomber sous la domination d'un Etat capitaliste, ils lui appartiennent bien davantage, en ce sens qu'ils deviennent aussitôt des exploités, des victimes du régime économique que le socialisme se propose de détruire et que d'autre part, dès ce moment, le Parti socialiste, sait avec précision à quelle section organisée de l'Internationale il appartient de les conquérir à son idéal et de les lui amener.

C'est à ce point que des socialistes très optimistes et trop portés à ne voir que le beau côté des choses ont crû ne pas devoir s'opposer aux conquêtes coloniales (1).

L'Internationale a nettement condamné cette tendance et maintenant que nous avons montré qu'en s'occupant des indigènes le Socialisme ne faisait que continuer un rôle qu'il n'a jamais

(1) Voir à ce sujet la brochure d'Henri de la Porte : « *Les Leçons de Stuttgard* ».

abdiqué, nous allons indiquer comment il est rigoureusement logique avec lui-même en s'opposant aux conquêtes coloniales.

Tout d'abord le Socialisme s'est toujours prononcé contre toute guerre. Or la conquête c'est la guerre, pas même la guerre tout au plus le massacre, car il est impossible de qualifier autrement les tueries que les peuples dits civilisés possédant l'effroyable technique de la guerre moderne, font des peuples dits sauvages armés de façon si rudimentaire et si simpliste.

Non seulement la conquête est la guerre, mais elle est encore quelque chose de plus dangereux ; la possibilité d'une conflagration européenne. Que l'on recherche toutes les causes qui, à l'époque actuelle ont failli amener cette redoutable éventualité et presque toujours on trouvera un conflit d'expansion coloniale à l'origine. Guerre russo-japonaise, difficultés russo-germano-anglaises en Asie, expansion russo-autrichienne en Orient; conflit de Fachoda, guerre hispano-américaine ; conquête du Maroc, amenant celle de la Tripolitaine et la dernière convulsion balkanique, partout les peuples ne se battent plus que pour s'acquérir de nouveaux débouchés économiques. Mais c'est ici qu'éclate avec le plus de force la prodigieuse incohérence du régime capitaliste, incohérence que le socialisme se doit de constater et de condamner.

Les peuples, avons-nous dit, ne se battent que pour se créer des débouchés économiques, en un mot pour vendre leurs produits aux peuples sauvages.

Ainsi donc nous regorgeons de richesses. A nous les chemins de fer transpersans qui iront porter nos produits à travers l'Asie, à nous l'Afrique du Nord et le transafricain qui portera nos cotonnades aux Niams-Niams et aux Zoulous, à nous les ports en Chine pour inonder le continent jaune de nos articles. Noirs, jaunes, rouges, mulâtres, venez tous à nos comptoirs, nous avons de tout, nous en avons de trop et si vous n'y venez pas de bonne grâce nous vous rentrerons notre pacotille dans le ventre avec nos baïonnettes et nos éclats de schrapnels.

Fort bien, mais si nous sommes si riches que cela, il ne doit pas y avoir de malheureux chez nous. Heureux ouvriers des pays capitalistes puisque nous avons tant de richesses, puisque nous en débordons, que de loisirs vous devez avoir. Tant de tissus, tant de souliers à vendre, que de vêtements vous devez posséder, que d'indigestions vous ont lassés pour que vous songiez à nourrir les nègres.

Que l'on essaie un moment de s'abstraire du milieu fantastique dans lequel nous vivons pour errer dans les domaines du bon sens le plus simple et le plus élémentaire. Qui donc alors, osera trouver que si d'une part, nous débordons, de richesses au point de ne savoir qu'en faire et que d'autre part la grande majorité de la nation, ouvriers, paysans, artisans, petits commerçants sont accablés de surtravail, végètent misérablement, manquent de tous ces produits dont nous ne savons comment nous débarrasser quand ils ne manquent pas du plus simple nécessaire et ne meurent pas littéralement de misère, c'est qu'alors nous vivons sous un régime social, à l'organisation duquel, c'est la Folie en personne qui préside !

Il est probable que ce sera le jugement de l'avenir quand nos arrière-neveux examineront notre époque, car telle est bien cependant la société actuelle. Le fait est que malheureusement la majorité des hommes qui est cependant victime de cet état de choses ne s'en aperçoit pas encore. Mais cela, le Socialisme peut d'autant moins l'ignorer, qu'une de ses principales raisons d'être c'est justement de combattre le désordre anarchique du régime capitaliste. En face de tous les autres Partis qui se proposent de maintenir le désordre économique, le Parti socialiste se dresse comme le seul Parti de l'ordre. On voit tout de suite à quel point il lui est impossible de ne pas s'élever de toute sa force contre les conquêtes coloniales qui sont justement l'une des manifestations les plus caractéristiques d'une situation qu'il combat et qui est l'un des motifs les plus puissants pour lequel il condamne la société actuelle.

C'est pour cela que dernièrement le Parti socialiste italien n'a pas hésité à se séparer et à combattre ceux de ses membres qui s'étaient laissé aller à approuver la conquête de la Tripolitaine, sous le prétexte, bien illusoire et bien fallacieux, d'ailleurs qu'il en résulterait un développement économique accrû pour l'Italie. Avec raison, le Parti socialiste italien a répondu que si le capitalisme subissait une crise de pléthore, il était étrange qu'il y eut dans le pays tant de miséreux et que c'était par le fait qu'en régime capitaliste on produit non pour la satisfaction des besoins, mais en vue seulement du bénéfice dont profite le capitaliste. Aussi loin de venir au secours d'un pareil régime, le Parti socialiste n'a qu'à le renverser pour substituer à l'oligarchie de la production, » la république des producteurs libres et associés (1) ».

On a dit aussi que le capitalisme en pénétrant par la force chez les peuples non civilisés les rapprochait du Socialisme en leur apportant le capitalisme et sa civilisation. Supposons l'argument exact, on pourrait alors aussi bien l'employer pour toute l'activité capitaliste, car c'est en se réalisant lui-même que le capitalisme prépare le Socialisme. Les vrais révolutionnaires ce

____

(1) Formule du régime socialiste donnée par Jules Guesde au Congrès de Chalon en 1905.

ne sont pas les socialistes mais les capitalistes, qui en bouleversant les conditions de la production et de l'appropriation préparent tous les éléments matériels et humains de la Société Socialiste. Lorsque le grand capitalisme exproprie les paysans, les artisans, les petits et même les moyens commerçants, il est bien évident qu'en multipliant le nombre des sans-propriété il hâte l'heure de son propre écroulement. Mais dira-t-on aussi que c'est là une besogne à laquelle nous devons participer, sous le prétexte qu'elle est inévitable avant l'avènement du Socialisme? Evidemment, ce serait absurde, car alors à qui s'adresseraient les victimes du régime? On ne voit pas très bien le Parti socialiste, c'est-à-dire le prolétariat, appuyant ses maîtres pour les aider à précipiter dans ses rangs à lui, ceux que le capitalisme seul suffira bien à y envoyer. Une telle attitude aurait pour résultat unique de créer un abîme entre les prolétaires d'aujourd'hui et les prolétaires de demain.

Et une autre objection très forte se pose encore. Si le capitalisme aspire à pénétrer dans des régions nouvelles pour s'y implanter, si encore comme il est exact il ne s'y propose pas seulement l'écoulement des produits, mais aussi d'en retirer des matières premières dont la société tout entière a besoin, est-il nécessaire pour cela de procéder par la violence?

Rien absolument ne le prouve. La pénétration pacifique est parfaitement réalisable. Seulement pour cela il ne faudrait pas qu'il y eut les antagonismes nationaux des capitalismes. Chaque patrie est considérée par les capitalistes comme une firme et chaque firme cherche à s'assurer le plus possible de territoires où elle possèdera les plus grands avantages. Derrière la violence il n'y a que cela et rien autre chose. Il s'agit de s'assurer avec certitude la concession des richesses exploitables, et de se créer des conditions de développement exceptionnelles. Pour ce résultat, le meilleur moyen c'est d'être maître du pays. Il faut donc le conquérir et se hâter de crainte d'être devancé par quelque concurrent.

Toute l'histoire des guerres coloniales est là.

Lorsque les prétextes ont manqué pour faire la guerre à un peuple ou à un pays convoité on en a inventés. La conquête coloniale n'est jamais l'œuvre d'une nation, mais seulement des capitalistes d'une nation. Ce n'est pas la même chose.

Aussi bien la pénétration pacifique, si elle est très réellement possible, ne l'est que théoriquement, dans l'état actuel du monde, car elle supposerait la disparition des antagonismes d'intérêts entre les différentes firmes nationales capitalistes.

Ce sera néanmoins l'honneur du Parti socialiste d'avoir affirmé une politique de conquête pacifique et par la seule force attractive du progrès et de la civilisation sur les peuples encore à demi-barbares (1).

Mais est-il même exact de dire que le capitalisme là où il pénètre de cette façon, implante sa civilisation et réalise ainsi sa mission naturelle?

Pas même. Le capitalisme bouleverse, détruit, mais aussi il transforme, il crée une technique supérieure, des formes de production plus intenses et des classes plus différenciées. C'est sa raison d'être, sa condition d'existence. En se développant il développe à l'infini les rouages économiques. Or il semble que sur le terrain colonial il ait plutôt failli à cette mission. C'est que très souvent il n'y met en œuvre que quelques-unes des branches où s'exerce son activité. Il égorge tout un peuple pour une mine ou une plantation de caoutchouc. Il crée aux Colonies des exploitations capitalistes, il ne crée pas une société capitaliste.

Chez les peuples absolument neufs, les classes se meuvent dans des cadres trop primitifs pour pouvoir se prolonger dans un régime moderne. D'ailleurs la seule chose que le capitalisme réclame c'est une main-d'œuvre à vil prix. Elle transforme tout un peuple, toute une race en un vaste prolétariat écrasé à la fois comme vaincu

---

(1) Jaurès a souvent développé cette thèse à la tribune de la Chambre à propos du Maroc.

et comme exploité, mais sans aucune tradition de civilisation.

Tout son effort est de le maintenir dans son ignorance primitive. Lorsqu'il se trouve en face de peuples et de races ayant derrière eux une histoire, un passé, une évolution, et qui se souviennent que, s'ils se sont attardés sur la route, il y a eu des heures à travers les âges où ils ont marché en tête de l'humanité, il agit comme un ferment d'activité et de réveil. Les classes sont là plus marquées, parvenues à un degré d'évolution plus proche de celle des Etats capitalistes: Mais là aussi il s'efforce pour ses besoins de les maintenir dans leur état actuel. Si l'on y joint les antagonismes d'intérêts entre les classes moyennes européennes (colons) et les indigènes on aura tout de suite le tableau de l'effort que font les sociétés capitalistes pour refouler les indigènes appartenant à ces races (Musulmans, Hindous, Indo-Chinois, etc.) hors de la civilisation moderne.

L'excuse est vite trouvée. Ils sont inadaptables !

C'est l'aveu de la faillite à sa mission civilisatrice, proclamé par le capitalisme lui-même.

Faillite oui, mais aussi accumulation de périls !

De cette lourde faillite, venant encore grever le passif du capitalisme mourant, c'est le Socialisme qui héritera.

Il est presque certain que c'est à l'Internationale ouvrière, maîtresse des positions avancées
de la civilisation moderne, qu'incombera la
charge de faire entrer dans la civilisation nouvelle les dizaines et les centaines de millions
d'hommes que le capitalisme n'aura pas sû ou
pas voulu amener à la sienne propre.

L'Internationale aura alors à se considérer
comme le tuteur de ces attardés. Elle les
appellera à mettre en valeur leurs propres
richesses sous son contrôle et, en échange de
ce que les peuples civilisés retireront ainsi, ils
leur donneront le meilleur d'eux-mêmes : leur
technique perfectionnée, la Science, l'Art, l'Instruction, l'Hygiène.

Le Socialisme ne travaillant pas pour le
profit, mais pour la satisfaction des besoins, se
trouvera vis-à-vis des indigènes des actuelles
colonies dans une position exactement inverse
de celle de la Société capitaliste. Tandis que le
capitalisme a intérêt à maintenir les indigènes
au niveau le plus bas pour les pouvoir mieux
exploiter, le Socialisme, au contraire, aura
intérêt à les faire parvenir le plus vite possible
au plus haut degré de développement humain,
car ainsi, ils enrichiront l'avoir social de l'humanité de forces nouvelles incomparables et incalculables, dont l'effort laborieux accroîtra d'autant la somme des richesses et du bien-être de
la collectivité des hommes. L'intérêt, comme

on le voit sera le grand mobile, car le Socialisme ainsi qu'on le répète trop souvent ne se
propose nullement de transformer les hommes :
il se borne à changer les choses, et il se trouvera, qu'elles le seront de telle façon, que l'intérêt des individus au lieu d'être en opposition
avec ceux du reste des hommes en sera socia-
lement solidaire.

Quoi qu'il en soit, s'il est possible, s'il est
même nécessaire pour certaines catégories indigènes d'obtenir dès maintenant la libération
politique, ce n'est que dans la libération économique, par le Socialisme, que les masses indigènes seront pleinement émancipées. Il est même
possible de dire que ceux que nous considérons
aujourd'hui avec quelque pitié, auront été en
réalité de véritables privilégiés. Ils sortiront
pour ainsi dire du stade primitif et ils n'auront pas
eu à gravir le long calvaire des peuples modernes.
Sur leurs races, ne pèsera pas le lourd atavisme
des exploitations séculaires, annihilantes et
épuisantes. C'est presque de plein-pied, douce-
ment conduits par la main, qu'ils rentreront
dans une société, où l'individu libéré, en échange
d'un peu de travail, du souci de la satisfaction
des besoins, sera assuré du maximum du développement harmonieux de toutes ses facultés.

Et à ces hommes neufs aux forces physiques
et intellectuelles encore presque intactes, quel
immense avenir n'est-il pas réservé !

Les Socialistes et les Indigènes.

Ainsi donc le Parti socialiste est opposé aux conquêtes coloniales pour toutes les raisons que nous avons dites.

Contre elles, il proteste toujours. Mais comme il n'est pas le maître comme il ne fait pas encore la loi, il sait bien que sa protestation est à peu près sans effet immédiat.

Par elle, il prend position en face d'un fait historique. Le Parti socialiste n'est pas un Parti myope qui ne veut, ni ne peut voir plus loin que l'heure qui passe. Il sait que tout l'avenir lui appartient, il le prépare et chaque fois qu'il parle, par dessus les maîtres du moment c'est à lui qu'il en appelle.

Mais parce que c'est dans le présent, avec le présent qu'il prépare l'avenir, il ne peut, ni ne doit rien négliger de ce qui est. Or les Colonies sont un fait. En face d'elles il a sa position à prendre. Il n'est pas embarrassé.

En face des revendications les plus légitimes,

la société capitaliste répond presque toujours :
Je ne peux pas ! Et très souvent c'est exact.
Presque toutes les solutions de justice qui
s'imposent aux problèmes les plus importants le
régime capitaliste ne les pourrait adopter sans
se suicider lui-même.

Le Socialisme au contraire proclame : « Tout
ce qui est juste est mien! »

Les indigènes, tous les indigènes sont opprimés comme vaincus! Je les prends sous ma pro-
tection !

Les indigènes prolétaires sont opprimés
comme vaincus et exploités comme prolétaires!
Je les défends deux fois !

Rien de nouveau à cela. Le Socialisme s'est
proposé comme but depuis qu'il existe : l'Eman-
cipation des travailleurs sans distinction de
sexe, ni de race.

Mais ici nous l'avons vu le problème est
double. Comme vaincus, les indigènes aspirent
à la libération politique, qu'il faut se garder
de confondre avec la libération nationale : la
notion de patrie et de nation n'existant pas chez
les peuples primitifs.

Enfin comme prolétaires ils aspirent à la libération économique.

Les Socialistes ne versent pas dans l'utopie
de réclamer à la société bourgeoise l'émancipation économique des indigènes, pas plus qu'ils
ne lui réclament la leur. C'est une chose dont

ils se chargeront eux-mêmes, le jour où ils auront pris le pouvoir en chassant la bourgeoisie.

Il en va autrement de la libération politique des indigènes.

Demander au régime capitaliste d'émanciper le Prolétariat ce serait lui demander de se dépasser. Mais on peut lui demander de se réaliser. La forme politique par laquelle la bourgeoisie a pu arriver, ce n'est, et ce ne peut être que celle de la liberté. Il lui a fallu pour naître et se développer briser les vieux cadres monarchistes et féodaux de l'Ancien Régime. Or, les Socialistes ne versent point dans l'utopie ; ils font seulement preuve d'esprit logique en lui demandant d'appliquer aux autres les principes qu'elle a proclamés pour elle-même. En France, nous demandons à la France d'appliquer les Droits de l'Homme à ses sujets, étant donné qu'ils sont des Hommes. Nous faisons la part des circonstances pour n'en réclamer que la mise en pratique progressive, mais nous avons le droit de réclamer que toute la politique indigène française soit orientée dans ce sens-là. Or, nous avons vu que c'était tout le contraire qui était pratiqué. Qu'il s'agisse d'Administration, de Justice, d'Impôt, d'Enseignement, toutes les dispositions prises sont formellement contraires aux principes que nous avons jetés sur le monde comme un cri de ralliement pour l'humanité tout entière.

C'est une situation contre laquelle les Socialistes n'ont pas attendu le mouvement Jeune-Musulman pour protester en Afrique du Nord.

Les premiers essais d'organisation socialiste en Algérie ont toujours été accompagnés de revendications en faveur des indigènes.

En 1902, se tenait à Constantine le V° congrès du Parti ouvrier Socialiste algérien. Certes l'organisation de la classe ouvrière n'avait pas pris encore la forme différenciée qu'elle a prise par la suite ; il y avait là mêlées à la fois des organisations purement corporatives et d'autres plus spécifiquement politiques. Mais c'était bien en tous les cas la classe ouvrière organisée et socialiste de toute l'Algérie, puisque les trente groupements représentés venaient d'Alger, de Mustapha, d'Oran, de Constantine, de Bône, de Biskra, de Bordj-bou-Arreridj et de Bougie. Après avoir adopté une déclaration de principes déposée par le citoyen Monthieu au nom du groupe de Constantine et toute entière inspirée par le Socialisme le plus net et le plus orthodoxe, le Congrès adoptait le 2 octobre un rapport du citoyen Truillot sur la question indigène et qu'il importe de reproduire ici, en entier, d'abord parce que dans les circonstances actuelles il prend une véritable importance historique en fixant irréfutablement la position prise de tout temps par le Socialisme en Algérie, et ensuite parce qu'il révèle par rapprochements avec cer-

tains Congrès de colons, l'incomparable supériorité de la mentalité ouvrière sur la mentalité
bourgeoise :

« Les indigènes, déclare le Rapport, qui
sont nos sujets, méritent d'attirer l'attention du
Prolétariat algérien qui a pour devoir strict, en
toute occasion, *de prendre leur défense.*

« Au point de vue de la question des salaires
et des questions du travail, les ouvriers algériens devront appliquer le grand principe à
travail égal, salaire égal, et exiger que disparais-
sent des bordereaux des prix établis par l'Etat,
les départements et les communes, la distinction faite entre les indigènes et les Européens.
Le prix de la journée doit être le même pour
tous ; on empêchera non seulement par là l'exploitation de l'Arabe, mais on évitera par ce
moyen, l'emploi abusif d'indigènes mal payés
sur les chantiers.

« C'est ainsi qu'en prenant leur défense et en
se montrant envers eux justes et humains, le
Prolétariat algérien se conciliera les indigènes
qui devront être habitués aux idées syndicales
qui nous sont chères.

« Mais ce n'est pas encore seulement au Prolétariat qu'il appartient de faire quelque chose pour
l'indigène, c'est au Gouvernement français qui,
en s'emparant du pays qui leur appartenait, sous
prétexte d'y implanter la civilisation, a contracté
une dette qu'il doit payer.

« Qu'a-t-on fait pour les indigènes, et que fait-on à l'heure actuelle? Rien ou rien de bien· Car j'appelle ne rien faire de bien que de faire des réformes qui n'ont pas pour but la civilisation de l'Arabe et son émancipation.

« Ce n'est pas s'occuper d'eux pour les civiliser que de rechercher la meilleure façon dont on fera rentrer l'impôt qu'ils doivent payer, ou d'instituer des tribunaux d'exception auxquels ils ne comprennent rien, sinon que nous sommes les maîtres et que nous faisons la loi.

« Il y a mieux à faire; instruisez l'Arabe, moralisez-le, faites-en un être conscient et vous n'aurez plus besoins de tribunaux spéciaux.

« Si vous vous déclarez incapables de faire cette œuvre, si vous avouez votre impuissance, nous sommes en droit de vous demander ce que vous êtes venus faire dans ce pays et si vous vous y êtes simplement implantés pour remplacer les collecteurs turcs par des receveurs français.

« Au premier plan des réformes urgentes à faire, c'est l'obligation pour tous les indigènes de parler la langue française et toutes les conséquences qui en découlent : interdiction des journaux, des livres, des enseignements, des écrits arabes ou hébreux.

« Interdiction dans les églises, temples, synagogues, mosquées, de se servir d'une autre langue que la langue française.

« Lorsqu'on songe qu'il existe ici en Algérie

des primes d'encouragement pour apprendre l'Arabe! On se demande si l'on rêve ou si l'on est en pays français. Si des primes doivent être données, c'est aux Arabes qui apprennent le français et pas à d'autres, surtout que ces primes vont à des fonctionnaires dont le métier consiste justement à savoir la langue des gens qu'ils son appelés à administrer.

« On voit trop, par le système actuel, que ce que l'on cherche à perpétuer, c'est l'ignorance de la masse indigène pour mieux l'exploiter. Le Parti Socialiste algérien tout entier, doit protester contre de pareils actes, les dénoncer bien haut, afin que l'on sache qu'il ne se solidarise pas avec ceux qui vivent de l'ignorance d'une race, et de l'esclavage moral dans lequel on cherche à la maintenir.

« Avec cette obligation de la langue française, vient naturellement l'obligation pour l'Etat, de donner aux indigènes une instruction primaire.

« Il faut que, dès maintenant, l'instruction primaire soit obligatoire pour les indigènes, comme elle l'est pour les Européens ; il n'y a pas de races supérieures ou inférieures, il n'y a que des êtres humains qui ont les mêmes droits à la vie matérielle comme à la vie morale et intellectuelle.

« Au lieu de faire des Ecoles arabes du second degré, on donnera aux indigènes un enseignement secondaire absolument professionnel.

« A cet effet, il devra être constitué des Ecoles d'Arts et Métiers pour l'industrie, des Ecoles d'agriculture, des Ecoles pastorales sur les Hauts-Plateaux, où on enseignera l'élevage du bétail et les soins à donner aux bestiaux.

« Des Ecoles de pêche devront être créées dans les ports, et des essais tentés pour amener les indigènes à se livrer à cette industrie.

« L'œuvre entreprise par Mmes d'Attanoux, Saucerotte, devra être généralisée, et la condition de la femme musulmane devra être l'objet des préoccupations des pouvoirs publics.

« Les jeunes filles indigènes devront être instruites à la française et pourvues de métiers en rapport avec leurs aptitudes.

« Ce n'est là qu'une pâle ébauche du programme que nous voudrions voir réalisé; c'est une indication que nous voulons donner pour encourager les camarades à étudier à fond ces questions, afin de formuler un programme général et définitif, qui sera le programme social et humain que devront défendre tous les ouvriers vraiment conscients ».

Et après avoir entendu ce rapport, le Congrès se ralliait, à l'unanimité, au vœu suivant :

« Le Congrès, émet le vœu que le Gouvernement crée le plus grand nombre possible d'écoles destinées à répandre l'instruction primaire chez la population indigène et à vulgariser parmi nos sujets l'usage de la langue française; et que, d'autre part, on multiplie les écoles professionnelles appelées à mettre les Arabes sur un pied d'égalité avec les Français en leur apprenant un métier, grâce auquel ils pourront, tout en subvenant à leurs besoins, s'affranchir de toute tutelle et qu'on étudie le moyen de soumettre graduellement les indigènes au même régime administratif que les Européens ».

A coup sûr, il y avait dans le Rapport, quelques brutalités de langage. Le prolétariat n'a guère le loisir de cultiver les nuances. C'est ainsi, par exemple, qu'il y avait bien quelques réserves à faire sur le moyen un peu radical proposé pour faire pénétrer la culture française par la langue française. Mais, c'est ici beaucoup plus l'intention, l'état d'esprit qu'il faut voir, que les formules d'application, et c'est bien la seule chose que le Congrès en ait retenu dans son vœu définitif qui précise une orientation, sans indiquer les moyens.

Mais une chose cependant se dégage de la lecture de ce rapport, et plus particulièrement des premières lignes, c'est que les ouvriers, les prolétaires européens avaient trouvé dans les indigènes, des concurrents qui faisaient baisser leur main-d'œuvre, par les bas salaires dont ils se contentaient. Ils auraient pû, eux aussi, comme certains colons, comme les Arabophobes, exhaler leur colère par des paroles violentes ou des mesures de haine. Eh bien, pas une minute ils n'y ont songé.

Au lieu de proposer des formules rétrogrades, au lieu de rechercher leur prééminence dans des mesures de domination, d'humiliation ou d'abaissement intellectuel des indigènes, voici que les ouvriers d'Europe prennent par la main leurs concurrents indigènes et qu'ils leur disent : Vous nous enlevez notre travail et vous gâchez nos prix, mais vous êtes nos frères! Nous ne nous joindrons pas à ceux qui veulent vivre de votre exploitation. Nous allons réclamer pour vous tout ce dont nous autres nous bénéficions : la liberté politique, l'égalité civique et le peu d'instruction que nous avons pû avoir. Nous ne voulons point vous abaisser, vous humilier, vous maintenir au-dessous de nous; nous voulons d'abord vous élever jusqu'à nous, pour qu'ensuite vous nous aidiez à conquérir pour nous et pour vous, la cité fraternelle et humaine dont nous rêvons!

N'est-ce pas admirable cela? Et quel formidable contraste entre la pensée généreuse et noble du prolétariat et la pensée débile et rageuse des classes bourgeoises.

Et cependant, si l'on y réfléchit, les prolétaires ne pouvaient pas, raisonnablement, adopter une attitude différente, et c'est bien là ce qui caractérise les Partis et les Classes qui ont l'avenir pour eux, qu'ils ne peuvent proposer de solutions aux problèmes qui se posent, qu'en faisant toujours appel aux formules de progrès les plus hardies et les plus hautes.

Mais s'il en est ainsi, alors que faut-il penser de l'avenir des Partis et des Classes, qui, chaque fois que les circonstances et la vie posent devant eux des problèmes qu'ils n'avaient pas prévus, sentent trembler sous eux les bases de leurs assises et ne pensent à chercher le salut que dans les formules ou l'application des idées les plus bassement ou les plus misérablement réactionnaires ?

Le Congrès ouvrier socialiste de 1902 avait mis à l'ordre du jour du Prolétariat algérien la question des indigènes dans toute son ampleur, en déclarant qu'il « étudiait le moyen de soumettre graduellement les indigènes au même régime administratif que les Européens ».

Depuis lors, deux événements en France et en Algérie, ont marqué le mouvement ouvrier socialiste. L'unification des forces socialistes dans le Parti politique de la classe ouvrière, et l'organisation de la classe ouvrière sur le terrain corporatif dans la Confédération Générale du Travail.

Le Parti Socialiste d'Algérie, dès sa constitution, de même que le Parti Socialiste de Tunisie, ne cessa de s'occuper des multiples questions soulevées par la situation des indigènes musulmans de l'Afrique du Nord.

Parmi les socialistes, quelques-uns s'y sont

même spécialisés non sans succès (1), poussés à la fois par ce sentiment naturel qu'ont les socialistes à se rapprocher des opprimés, et aussi parce qu'il ne leur échappait pas que, tant que le régime actuel subsisterait, faisant peser sur les indigènes une emprise de terreur, ces derniers échapperaient en quelque sorte sinon tout à fait à la propagande des idées socialistes, du moins à l'organisation socialiste, et que d'autre part ils seraient malheureusement trop enclins, comme tous les opprimés, à mettre au premier plan de leurs préoccupations non pas leur émancipation économique, mais au contraire les préoccupations confessionnelles et celles de races.

C'est ainsi que poursuivant l'œuvre de leurs devanciers, ils furent amenés à formuler les propositions suivantes, que nous reproduisons à titre historique et afin que, si quelque jour il en était besoin, les responsabilités de chacun fussent engagées ou dégagées.

« Le Congrès de la Fédération Socialiste algérienne (S. F. I. O.) réuni à El-Affroun le 29 septembre 1912, considérant :

« 1º Que les arrêtés, décrets et lois d'exception auxquels sont assujettis les indigènes d'Algérie, sont vexatoires, injustes et oppressifs; qu'ils

___

(1) Il me sera bien permis de citer ici le citoyen Cianfarini parmi beaucoup d'autres et de dire que, plus d'une fois, au cours de ce travail, j'ai dû user des notes si claires et si précises qu'il m'a remises lors de mon passage à Bougie.

permettent, presque sans contrôle, les abus les plus scandaleux et les iniquités les plus révoltantes;

« 2° Que les indigènes sont encore soumis, en plus des impôts français, à toutes les anciennes taxes du régime turc; qu'ils ne retirent que des avantages des dépenses budgétaires;

« 3° Que la représentation indigène dans les assemblées algériennes (conseil municipal, conseil général, Délégations financières, Conseil supérieur) est insuffisante et illusoire; que, choisie par l'Administration, elle est sans pouvoir, sans indépendance, et nuisible autant aux intérêts de la population indigène qu'à ceux de la population européenne;

« 4° Que les décrets Millerand sur la conscription militaire ont été accueillis comme une nouvelle et lourde charge pour les indigènes et sont subis avec terreur par le *vaincu*; que les assemblées algériennes ont protesté contre leur application; qu'ils constituent contre la classe ouvrière de la colonie et de la Métropole en voie d'émancipation, une armée d'exécuteurs inconscients et féroces des volontés de la bourgeoisie réactionnaire et du capitalisme égoïste;

« 5° Que les lois ouvrières et sociales n'existent pour ainsi dire pas pour les travailleurs indigènes;

« 6° Qu'il est du devoir de la Nation et autant dans son intérêt politique, que dans celui du

Prolétariat européen d'Algérie, d'instruire et d'éveiller à la civilisation moderne les masses autochtones de la colonie ;

« Le Congrès réclame : 1° La suppression totale de l'indigénat, de l'internement administratif, des tribunaux répressifs, de la Cour criminelle et des conseils de guerre dont sont passibles les indigènes algériens ; et l'entrée pure et simple de ceux-ci dans le droit commun.

« 2° La suppression des taxes arabes et l'égalité de tous les indigènes et Européens devant l'impôt ; une distribution plus équitable des dépenses communales.

« 3° L'extension de l'électorat au titre indigène à tous les Musulmans sujets français diplômés de l'Université, fonctionnaires en exercice ou en retraite, négociants ou industriels, en attendant d'en faire une application plus générale. L'égalité des droits de tous les élus indigènes ou Européens dans les assemblées algériennes.

« 4° La suppression de la conscription militaire des indigènes.

« 5° L'application aux travailleurs indigènes des lois ouvrières et sociales au même titre que pour les Européens.

« 6° La suppression du système d'Ecoles d'indigènes actuel (Ecoles-Gourbis) et l'intensification de l'Enseignement dans des écoles confortables dirigées par des instituteurs bien préparés à leur tâche.

« Le Congrès invite le groupe socialiste parlementaire à avoir une politique indigène basée sur les principes de générosité, de justice et d'émancipation prolétarienne qui sont ceux du Parti Socialiste ».

En juin, 1912 une délégation composée des représentants les plus autorisés de ces fameux Jeunes Musulmans qui hantent les rêves de nos Arabophobes, s'était rendue à Paris pour y remettre aux Pouvoirs publics le Cahier des revendications de la population musulmane. Cet événement qui a fait quelque bruit en Algérie, a malheureusement passé à peu près inaperçu de l'opinion publique française. Il ne sera pas inutile d'examiner ici ce qui distingue le programme minimum formulé par le Parti Socialiste d'Algérie (1) et celui proposé par les Jeunes Musulmans. Le programme socialiste est, sur certains points, plus large, et sur d'autres, moins que celui de la Délégation. Là où il est moins large, il n'est pas téméraire de dire que c'est seulement parce que l'on ne saurait songer à tout et que lorsque, par exemple, les socialistes après avoir mentionné l'élargissement de l'électorat, ne parlent pas de l'augmentation du nombre des élus, on ne saurait supposer qu'ils y sont contraires.

(1). Ce programme n'a été formulé par les Socialistes algériens qu'à titre d'indication. Il ne pourra être considéré comme programme définitif du Parti Socialiste qu'après avoir été adopté par un Congrès National.

Mais, en revanche, il faut bien constater que la Délégation n'a formulé aucune revendication d'ordre social, tandis que les socialistes, eux, réclament l'application de toutes les lois ouvrières et sociales aux indigènes, de même que pour les Européens.

C'est que les Jeunes Musulmans ne sont ni des ouvriers, ni des fellahs, ni des krammès, et qu'aussi, ils ont pensé à se cantonner sur le terrain politique. Eux aussi, d'ailleurs, ne pouvaient songer à tout. Mais les Jeunes Musulmans et les socialistes diffèrent sur un point essentiel, la conscription.

En outre, les socialistes au paragraphe 3 n'ont pas précisé — bien que je sache que cela était dans leur pensée — la nature de la représentation indigène à la Métropole. Ce sont deux problèmes qu'il faut examiner.

Conscription. — Parlement indigène.

La Délégation des notables — c'est ainsi qu'elle se qualifiait elle-même — accepte pleinement le principe de la conscription indigène réglementée par le Décret du 3 février 1912.

Ils s'exprimaient ainsi dans leur Note :

« Les délégués s'inspirant. des nombreuses pétitions formulées dans les trois départements de l'Algérie, et, convaincus que tous les enfants de la France doivent toujours répondre à son appel, déclarent que les indigènes de l'Algérie sont prêts à remplir vis-à-vis de la Mère-Patrie tous leurs devoirs de patriotes.

« Mais d'autre part, ils considèrent comme nécessaires :

a) « — La réduction du service militaire à deux années, au même titre que les autres Français (1).

b) « — L'appel à 21 ans au lieu de 18 ans, parce

____

(1) A ce moment, la loi du retour au service de trois ans n'avait. pas été votée.

que, à cet âge, les appelés ne sont pas suffisamment formés au point de vue physique.

c) « — La suppression de la prime, parce que les familles seraient fières de voir leurs enfants servir dans les rangs de l'armée française sans compensation pécuniaire. »

Les socialistes, d'autre part, réclament purement et simplement la suppression de la conscription militaire.

Les uns et les autres ont leurs motifs et n'en font pas mystère.

Les socialistes sont logiques avec le programme du Parti, qui combat le militarisme sous toutes ses formes, et l'armée indigène en est bien l'extension.

Rien que ce point de vue suffirait à motiver leur attitude. Mais ils redoutent, aussi, la création d'une armée à tout faire entre les mains de la société capitaliste, qui de jour en jour, sent lui échapper l'armée ouvrière et paysanne de la Métropole. Qui peut douter, qu'en cas de circonstances graves, elle hésiterait à recourir à l'armée indigène pour ses besognes de répression. Or, la mentalité encore arriérée des Musulmans permet de craindre que, dans une certaine mesure, ils marcheraient contre la classe ouvrière, bien que ce ne soit pas absolument sûr, les indigènes sachant fort bien de quel côté de la barricade ils ont leurs défenseurs les plus convaincus.

Je ne sais si, dans le fond de leur âme, les Jeunes Musulmans sont des militaristes bien convaincus, mais Allah lui-même s'arrêtant au seuil de la conscience, qu'il suffise de considérer ce qu'ils avancent.

Or, ils réclament la militarisation la plus complète des indigènes et leur raison est simple. Ils voient dans le Décret de conscription, le moyen de réaliser quelques-unes de leurs revendications les plus chères. Pas de devoirs sans droits, pensent-ils avec quelques raisons. Si on nous accable d'une charge nouvelle, qu'on nous donne quelque chose en échange. Et c'est ce troc qu'ils sont venus proposer à la France en juin 1912.

Je crains que ce ne soit là une bien mauvaise combinaison, du Machiavélisme à la petite semaine et du plus dangereux pour les revendications indigènes, car il a le défaut de faire reposer celles-ci sur une base qui peut s'écrouler du jour au lendemain. Il n'y a pas que les socialistes qui redoutent la conscription. Les Arabophobes ne la redoutent pas moins. D'abord, c'est un fait que le passage à l'armée, accroît les besoins des indigènes, qui refusent de retourner ensuite vivre de la vie misérable du gourbi. La caserne devient ici un véhicule de l'esprit de progrès. Mais d'autre part, quand on se propose de garder sous ses pieds « *un peuple résigné* », on ne commence pas par lui remettre entre les mains un fusil et à lui enseigner, pendant trois ans, la manière de s'en servir.

La conscription est quelque chose de précaire. A l'usage même elle peut être condamnée. Alors que deviennent à ce moment les revendications indigènes. Les Jeunes Musulmans ne voient-ils pas qu'on leur retournera alors leur propre dilemme. Vous voulez des droits nouveaux, qu'est-ce que vous nous donnez en échange?

Le droit est le droit. Il a sa raison d'être en lui-même. Je mets en garde les Jeunes Musulmans contre le péril d'en faire une marchandise.

Mais il faut voir aussi l'objection que l'on peut faire aux socialistes. Eh quoi! leur dira-t-on, vous vous élevez contre toute armée indigène, sans précision aucune. Mais votre formule ne peut se défendre en tout état de cause, car si demain on donnait aux indigènes des droits égaux à ceux des citoyens français, en refusant pour eux la conscription, vous en feriez des privilégiés dispensés du service militaire sans doute. Mais pour le moment, la question ne se pose pas. Et les socialistes n'ont qu'à renverser la proposition des Jeunes Musulmans. A des droits égaux, des charges égales. Or, il n'y a pas de droits égaux. La formule est plus juste, parce que les droits ne sont pas la conséquence des charges. C'est le contraire qui est vrai. Les devoirs découlent des droits.

Ainsi, toutes choses sont remises en place. Le

droit au premier plan, et la conscription dans les cartons du Ministère de la guerre.

***

Les notables indigènes réclamaient, en outre, d'être représentés au Parlement français, ou qu'il soit créé à Paris un Conseil où les Musulmans d'Algérie seraient représentés par des mandataires élus par eux.

C'est là une proposition d'une extrême importance et dont les conséquences pour l'avenir sont incalculables.

Nous aurons à y revenir. Ce qu'il importe ici, c'est d'examiner le projet en soi.

Pour ma part, je crois à l'urgente nécessité d'un Parlement colonial, mais la double formule présentée dans le Cahier des Notables me semble se heurter à de graves objections.

Que les indigènes aient dès maintenant des représentants au Parlement français, il y a, en l'état actuel des choses, une double impossibilité.

La première est qu'ils n'ont pas encore le suffrage universel, et que, par la faute de l'Administration et de la faillite des méthodes employées par elle, ils ne sont pas encore en état d'en user.

Les élus des indigènes seraient des élus censitaires.

Il n'y a pas place pour cet anachronisme à la Chambre française.

La seconde est qu'il semblerait vraiment un peu trop délicat de se mettre dans le cas de voir des éléments, que l'on a tenus si longtemps à l'écart de la politique française, devenir, en certains cas, arbitres entre les Partis, lorsque, comme cela peut arriver, le vote ou le rejet de quelque loi d'une haute importance, tiendrait à quelques voix.

La minorité qui, sans les voix indigènes, aurait pû être majorité française, n'accepterait pas aisément une loi qui lui aurait été ainsi imposée. Ce serait s'exposer à mettre la moitié de la France contre les indigènes.

Le Conseil Colonial ne serait rien de bien sérieux.

D'abord, élu au suffrage restreint, il ne servirait en rien à l'éducation civique des indigènes.

Composé fatalement d'éléments divers, élus, fonctionnaires, parlementaires, il ne pourrait guère faire œuvre utile.

De plus, la non-publicité de ses séances lui enlèverait toute valeur d'appel à l'opinion. Or, l'intérêt des indigènes exige cet appel permanent à l'opinion publique française.

Ainsi donc, ni l'idée des élus indigènes au Parlement français, ni celle de la création d'un Conseil qui ne serait qu'un rouage inutile de plus, ne semblent acceptables.

Il faut en revenir à l'idée d'un Parlement Colonial siégeant à Paris, élu par les indigènes de nos Colonies et Protectorats au suffrage universel, et dont le rôle et les pouvoirs se réduiraient à formuler des propositions dont le Parlement français aurait à débattre.

Il va de soi qu'il ne s'agit, ici, que d'une formule transitoire. Les indigènes ne sauraient demeurer éternellement mineurs. Mais il faut chercher un moyen de faire leur éducation politique, sans que cela puisse avoir d'inconvénients ni pour eux, ni pour la Métropole.

A toute demande d'extension de la capacité politique des indigènes, on répond par une fin de non-recevoir, sous prétexte que leur éducation n'est pas faite.

C'est fort possible, mais si on ne la fait pas, il est certain qu'elle ne sera jamais faite et que dans cinquante ans, ils ne seront pas plus avancés qu'aujourd'hui. Or, le seul moyen de leur apprendre l'usage du bulletin de vote, c'est de leur en mettre un dans les mains.

Si, dans les débuts, ils s'en servent mal, s'ils font des sottises, ils ne tarderont pas à s'en apercevoir et à rectifier leur tir. Cela n'aura eu pour eux aucune conséquence grave, encore moins pour la Métropole, puisque les élus de ce Parlement n'auront qu'un pouvoir de proposition. Mais ce sera un merveilleux instrument d'éducation politique.

Il y aura un autre avantage, celui de permettre aux indigènes de faire directement appel à l'opinion politique française. Désormais, c'en sera fini des abus de pouvoir et des iniquités dont ils peuvent être et même dont ils sont journellement victimes. Le jour où l'on saura que les actes criminels commis contre nos sujets, trouveront toujours l'écho d'une retentissante tribune française, on se gardera bien d'en commettre. La France y gagnera de savoir ce qui, par delà les mers, s'accomplit en son nom, et elle ne perdra rien à apprendre qu'il y a, par le monde, des millions d'hommes gravitant dans son orbite qui aspirent à se hausser jusqu'à sa civilisation.

Mais il y aura, comme nous allons le voir, des répercussions politiques plus profondes, qui suffiraient, à elles seules, à imposer rapidement la réalisation d'un pareil projet.

Libérez les Indigènes
ou
Renoncez aux Colonies.

De tout ce que nous avons vu dans les chapitres précédents, deux faits se dégagent avec netteté. Le premier, c'est que la France, qui a déclaré avoir retrouvé la Charte de l'Humanité, qui a affirmé l'égalité de tous les hommes et proclamé leurs droits a, dans l'application qu'elle avait à faire de ses propres principes à ses sujets des colonies, abouti à la plus parfaite faillite. Qu'il s'agisse d'Administration, de Justice, d'Impôt, d'Enseignement, c'est autant de banqueroutes que nous avons eues à enregistrer au passage.

Et que l'on ne vienne pas dire que l'on s'est trouvé en présence de circonstances qui n'ont pas permis d'agir autrement. Ce serait alors non plus la faillite des hommes, mais bien celle des principes. Fort heureusement, la preuve est faite qu'il n'en est rien, et que nous aurions pû appliquer une politique profondément différente de celle que nous avons suivie. Il n'y a, pour s'en convaincre, qu'à regarder à côté de nous comment l'Angleterre, grande puissance musulmane, elle aussi, a agi à l'égard de ses sujets musulmans. Certes, je n'entreprends pas de faire ici l'éloge du Colonialisme anglais. Notre grande voisine a commis, aux Indes, des crimes monstrueux, et si elle ne se hâte pas de les racheter et d'en effacer jusqu'au souvenir, l'heure n'est peut-être pas éloignée, où, malgré tous ses efforts pour empêcher la formation d'Etats libres aux frontières des Indes, elle aura de terribles comptes à rendre.

Mais pour nous en tenir aux seuls Musulmans, puisque c'est d'eux, surtout, que nous avons eu à nous occuper, bien que nos critiques et nos conclusions vaillent pour tous nos sujets coloniaux, comment ne pas constater l'abîme qui sépare la manière anglaise de la manière française.

M. Philippe Millet, qui a mené dans *Le Temps* une campagne admirable (1) de libéralisme et de véritable clairvoyance patriotique, a publié sur ce point spécial un article que je m'excuse de

____

(1) Pour certains, la campagne du *Temps* était abominable. C'est le mot dont l'honorable député de Bône, M. Thomson, s'est servi pour la qualifier à la Chambre en réponse à une interruption que je lui faisais.

reproduire ici en entier, mais qui confirme avec tant de force et de précision nos propres critiques, tout en démontrant irréfutablement la possibilité que nous aurions eue d'agir d'autre sorte, que je crois utile de lui accorder une valeur documentaire de premier ordre.

Cet article a paru sous le titre : *Les Musulmans de Syrie et la France* :

« Plusieurs voyageurs français reviennent en ce moment du Levant. Ce qu'ils disent des sentiments que les Musulmans de Syrie éprouvent à l'égard de la France, mérite d'être médité par ceux qui ont la charge de notre politique algérienne plus encore que par nos diplomates.

« Le témoignage le plus précis est peut-être celui de M. Besnard, secrétaire général de la Mission laïque, qui vient d'inspecter les écoles françaises de Syrie et d'Egypte, et qui a séjourné à Beyrouth et à Damas assez longtemps pour pouvoir s'entretenir avec les principaux notables musulmans de ces deux villes.

» Le fait qui m'a le plus vivement frappé, me dit M. Besnard, est le suivant. Les Musulmans de Syrie recherchent tous notre culture, qu'ils placent au-dessus de toute autre, et néanmoins ils sont en majorité hostiles à la France. Il serait puéril de le cacher.

» A quoi tient cette hostilité? Je l'ai demandé à des hommes comme le docteur Sameh

Fakhoury, qui a fait ses études de médecine en France, et se trouve être aujourd'hui l'un dès notables les plus considérés de Beyrouth, ou comme Mohammed Kurd Ali, de Damas, directeur du journal *Al Moktabas*, dont le témoignage ne saurait être suspect, car il est l'ami de la France. Ces deux Musulmans, ainsi que les autres, m'ont fait la même réponse.

» — Ce qui vous fait du tort parmi nous, disent-ils, c'est la façon dont vous vous conduisez à l'égard des Musulmans d'Algérie. Nous connaissons tous l'Egypte et nous ne pouvons nous empêcher d'établir entre les Anglais et vous une comparaison qui vous est entièrement défavorable.

» En Egypte, les Anglais ont, dès leur arrivée, posé le principe que les charges seraient les mêmes pour les Européens et les Musulmans. Ils ont égalisé les impôts et supprimé les corvées. Vous êtes depuis 80 ans en Algérie et les Musulmans supportent toujours seuls la charge de l'impôt foncier, sans compter toutes sortes de corvées, telles que celles de la garde des forêts et de la garde de nuit dans certaines villes.

» En Egypte, les Anglais ont voulu donner aux Musulmans le moyen de faire connaître leurs besoins et leurs plaintes. Ils ont créé, dès 1883, des conseils provinciaux, élus par des délégués de village que désigne le suffrage universel, un

Conseil législatif de 30 membres, dont la moitié sont élus par les conseils provinciaux, et une Assemblée législative de 82 membres, dont 46 sont élus par la population. Ces deux dernières assemblées ne sont que consultatives et l'agitation nationaliste de 1910 a empêché que l'on n'étendit leurs attributions. Mais, en revanche, les conseils provinciaux ont été accrus et investis d'un réel pouvoir : ce sont eux qui ont aujourd'hui la charge de l'instruction primaire ; ils peuvent voter sans contrôle certains impôts ; ils font connaître au gouvernement les vœux des populations.

» Rien de tout cela en Algérie. La représentation des Musulmans y est dérisoire. Ils élisent bien, à un suffrage ridiculement restreint, quelques représentants dans les conseils municipaux ; mais ces représentants sont sans pouvoir. On n'a même pas laissé aux Musulmans le droit d'élire, comme jadis, leurs djemaas (assemblées de village).

» En Egypte, la plupart des fonctionnaires sont Musulmans ; on peut être Musulman et atteindre aux plus hautes charges. En Algérie, vous écartez des fonctions importantes ceux-là mêmes des Musulmans qui sont parvenus à acquérir une instruction française : il leur serait plus facile de faire leur chemin en Syrie.

» Nous constatons encore que vous êtes inutilement rigoureux à l'égard des Musulmans. Vous les empêchez, sous tous les prétextes, d'accomplir le pélerinage de la Mecque. Les Anglais ne sont pas comme vous.

» Vous ne respectez pas la liberté individuelle. Non seulement en Algérie, mais même en Tunisie, un Musulman peut être interné ou exilé sans jugement. Rien de tout cela en Egypte. Les moudirs (préfets) ont bien le droit d'infliger des peines de simple police, mais dès qu'il s'agit d'une peine plus grave, aucun Egyptien n'est condamné sans avoir comparu devant les tribunaux.

» Comment peut-il subsister un tel désaccord entre vos actes et vos principes ? Nous vous considérons comme la nation libérale et généreuse par excellence ; si nous recherchons votre culture, c'est précisément parce qu'elle représente pour nous ce qu'il y a de plus élevé au monde. Et pourtant, nous sommes obligés de reconnaître qu'en Algérie, vous appliquez une politique qui jure avec votre idéal républicain. Aussi nos coreligionnaires, s'ils avaient à émigrer, préféreraient-ils tous vivre en Egypte plutôt qu'en Algérie. Ils savent, en effet, que s'il existe en Egypte une petite minorité de mécontents, l'immense majorité des Musulmans y sont satisfaits, tandis que c'est l'inverse qui arrive en Algérie ».

« M. Besnard ajoute que cet état d'esprit est d'autant plus regrettable qu'il est en contradiction avec les sympathies naturelles des Musulmans syriens. Ces sympathies vont en effet instinctivement à la France. Ce que l'on pourrait appeler un accident historique les en détourne aujourd'hui momentanément. Elles lui reviendraient bientôt si la démocratie française marquait sa volonté d'être aussi libérale en Algérie que l'Angleterre l'est en Egypte. Ce jour-là le prestige moral de la France serait sans rival dans le Levant. — *Ph. M.* »

Ainsi l'Angleterre n'a pas pensé que pour faire régner l'ordre, il serait nécessaire d'une justice d'exception et de pénalités illégales. Son premier geste a été, en Egypte, de réaliser l'égalité de l'impôt, et depuis 1883, elle y fait fonctionner le suffrage universel.

Ce n'est pas à dire que la politique coloniale anglaise soit même ici l'idéal. Il suffit seulement que, par sa seule existence, elle fasse s'évanouir les sinistres imbécillités répandues sur l'inadaptabilité de l'Islam et l'incapacité des Musulmans à vivre sous un autre régime que celui de la terreur et de la tyrannie la plus odieuse.

Et si l'on objecte que, même en Egypte, les Musulmans sont mécontents et réclament encore, nous répondrons que cela prouve à quel point ils sont capables d'évolution, c'est-à-dire d'incessant perfectionnement. Le jour où les hommes s'arrêteront sur la route et se déclareront à tout jamais satisfaits, c'en sera fini de l'humanité, car ce sera qu'alors la grande ombre de la mort planera déjà sur elle.

Quoi qu'il en soit, notre faillite à l'égard des indigènes apparaît fort nette. C'est, avons-nous dit, le premier fait qui se dégage de notre étude. Le second, c'est que malgré le régime de terreur, l'esprit de revendication se fait jour de plus en plus chez les indigènes.

Que les notables soient venus apporter à Paris, non plus les hommages serviles des Grands-Chefs, ou le tumultueux éblouissement des costumes de parade, mais bien les revendications politiques de tout un peuple, c'est un événement qui a pu passer inaperçu des masses, trop peu soucieuses d'observer les indices par quoi se révèlent les grands bouleversements humains qui se préparent, mais que ceux qui ont la responsabilité des destinées nationales n'ont pas le droit de négliger.

Nous devrions savoir, par les souvenirs de notre propre histoire, que lorsque les peuples commencent à établir leurs « Cahiers », c'est qu'il y a dans leurs profondeurs un sourd mécontentement et qu'un souffle nouveau a passé sur eux et les agite.

On croit avoir tout dit, lorsqu'on a couvert de stupides injures ou d'indignes calomnies les Jeunes Musulmans.

Le malheur est que cela ne les empêche pas d'exister et encore moins d'avoir raison. Or, je ne connais rien de plus redoutable en politique que les gens qui ont raison. Ça finit toujours par se savoir. Ils peuvent subir des défaites momentanées, mais ils arrivent toujours à avoir le dernier mot.

Le pis est que les arguments *ad hominem* qu'on leur objecte manquent quelque peu de logique. On commence par déclarer qu'ils ne sont rien, tout au plus une poignée de dévoyés, sans prestige et sans influence. On continue en les accusant d'être vendus aux Turcs, et on termine sur le grand air du péril Panislamique en assurant que les Jeunes Musulmans sont les véritables directeurs de conscience de la masse de nos sujets Musulmans, qu'ils les tiennent complètement entre leurs mains et qu'ils les mèneront où ils voudront.

La vérité, est qu'en réalité, les Jeunes Musulmans sont peut-être encore peu nombreux, mais que l'action qu'ils mènent en faveur de la libération politique des indigènes, répond si fortement aux sentiments intimes de ces derniers, que l'on peut dire que derrière cette minorité agissante, il y a l'approbation tacite de tous nos sujets musulmans.

Aujourd'hui, les Jeunes Musulmans ont une existence en quelque sorte organique; ils sont reliés entre eux, ils ont une politique et une presse et leur attitude est toujours fort habile. On le leur a même reproché, mais on oublie trop qu'ils ont été élevés à l'école de la crainte et de la servitude, et que c'est à elle qu'ils doivent la maturité précoce de leur esprit politique.

Et ce n'est pas seulement chez nos sujets musulmans que se manifeste cet état d'esprit. Il existe en Indo-Chine, bien que nous le sachions moins. Il existe aux Indes, à Java, partout. Les vieilles races endormies se réveillent, les nouvelles veulent monter vers la lumière. C'est un mouvement universel et certain. Quelles que soient les conséquences politiques, qui doivent en découler pour l'avenir du monde, il faut, dès maintenant, enregistrer le phénomène et l'heure est venue, après le grand et suprême partage du monde islamique, où il faut envisager la politique claire et nette que nous allons avoir à suivre. Toutes les formules bâtardes ou hypocrites derrière lesquelles on s'est abrité jusqu'ici ne tiennent plus.

Il y a deux grandes voies qui s'ouvrent.

La première est celle que nous a proposée M. Ajam : la servitude et la terreur. Un peuple résigné sur lequel planera l'armée noire.

La seconde est celle qui, libérant les indigènes de toutes les servitudes dont nous les avons accablées, préparera, hâtera en toute sincérité et sans réserve, l'heure où devenus à tous les points de vue nos égaux, ils pourront participer pleinement à la vie politique et sociale du monde moderne.

Il faut choisir et sans délai.

Pour nous, notre choix est fait, nous sommes pour la seconde manière. Elle n'est pas nouvelle chez nous. Ce fut celle de la France jusqu'en 1830.

Mais aujourd'hui ce qui impose, ce qui exige le retour à la noble tradition coloniale française, ce ne sont plus seulement les généreux sentiments qui l'inspirèrent, c'est le souci de l'intérêt supérieur de la Patrie.

Nous autres Européens, et surtout nous autres Français, nous avons une bien fâcheuse tendance à l'*égocentrie*.

Nous admettons volontiers que nous sommes le centre de l'univers et nous avons peine à imaginer qu'en dehors de nous, hors de notre sphère territoriale, il y a de grands mouvements d'activité humaine, où s'élaborent déjà des événements qui pourront avoir des répercussions décisives sur notre destinée.

Cela est, cependant, et si par indifférence ou ignorance nous nous laissons aller à écouter les insensés et les fous qui nous parlent de réprimer là où il faudrait prévoir, nous aurons préparé à notre pays des catastrophes épouvantables. Et pourtant il serait si simple de tout éviter ; il nous suffirait d'être nous-mêmes, avec les autres.

Je ne suis pas de ceux qui croient à l'existence d'un réel péril panislamique. J'ai démontré

que les éléments n'en existaient pas et c'est là
l'essentiel. Quand bien même quelques illuminés
auraient forgé ce rêve insensé et puéril, en quoi
cela suffirait-il à lui créer une existence réelle?

On a dit beaucoup de mal des Jeunes Turcs.
C'est qu'ils n'ont pas tenu tout ce que l'on
attendait d'eux et on leur en a gardé la rancune
de la déception. Mais ils ont eu tout de même
de belles pages au milieu de leurs erreurs, et il
y a quelque chose qui leur méritera toutes les
absolutions de l'histoire, plus juste que les con-
temporains; c'est que, même après toutes les
défaites, comme Rome jadis, après Cannes, ils
ne désespérèrent pas de la Patrie. Aujourd'hui
qu'ils sont occupés à panser les terribles bles-
sures, par où tant de leur sang s'est écoulé,
qui donc pourrait les imaginer assez insensés
pour jouer ce jeu criminel, d'entraîner ceux qui
furent hier et avant-hier leurs sujets et qui sont
restés leurs coreligionnaires, dans des entreprises qui auraient pour conclusion les pires
massacres, et pour seule compensation la possibilité de changer de joug, à seule fin d'exercer
sur les nations européennes à colonies musulmanes, je ne sais quel pitoyable chantage, en
vue d'incertaines réalisations ottomanes. Car,
ce ne seraient pas seulement ceux qu'ils auraient
ainsi lancés dans cette voie funeste qui seraient
mis en péril, c'est leur propre existence qui
serait condamnée, le jour où il aurait été

démontré qu'ils sont un péril pour la moitié de l'Europe. Et ils ont appris par la cruelle expérience des temps récents, qu'il faut être étrangement naïf pour bâtir quelque chose sur les apparences et les promesses d'amitiés des grandes Puissances, et que, s'il en était, comme on l'a prétendu, qui les poussent à ce jeu-là, elles seraient les premières à le leur imputer à crime, pour pouvoir mieux partager leurs dépouilles, le jour où il apparaîtrait que c'est devenu possible.

Mais je l'ai dit déjà, si Stamboul ne sera pas un foyer d'intrigues anti-européennes, il suffira que les Jeunes Turcs y aient créé, dans un milieu uniquement musulman, un foyer de civilisation moderne, pour que tous les hommes de l'Islam, qui aspirent, eux aussi, à cette civilisation, se retournent vers elle pour y trouver la justification de leur rêve et la condamnation de ceux qui leur dénient le droit de le vouloir réaliser. Et dans ce spectacle, ils puiseront l'invincible certitude de la justice de leur cause. C'est alors qu'ils seront prêts à tout pour en assurer le légitime triomphe.

Et tous, ils seront unis pour cette œuvre.

Mais il dépend de nous de leur créer un autre centre d'attraction. On a dit, et avec raison, que si les femmes éprouvaient un si invincible attrait pour les choses de l'Eglise, c'est qu'au dehors de leur foyer et de leur vie familiale, on n'avait pas laissé à leur activité extérieure d'autre élément que la Religion. Combien depuis longtemps s'en seraient détournées, si nous leur avions permis de se mêler à toute la vie politique et sociale de la nation. Et cela est vrai, profondément vrai.

Et quels pitoyables et aveugles politiques, que ceux qui ne voient pas que permettre aux indigènes de descendre eux aussi au forum pour y discuter de leurs intérêts sociaux et économiques, que d'introduire parmi eux le ferment de la vie politique, ce serait d'un seul coup dissiper tous les nuages qui s'amassent à l'horizon.

Que demain un Parlement colonial soit créé, ce n'est plus vers Stamboul que l'on regardera, c'est vers Paris, et entre la France et ses sujets musulmans, un lien subtil et presqu'indissoluble aura été créé, le lien des Partis et des intérêts politiques.

Que, demain, le suffrage universel fonctionne, cette belle et redoutable unité que crée l'oppression et la tyrannie entre les éléments les plus divers et les classes les plus hostiles d'une même race ou d'un même peuple se sera évanouie par le seul fonctionnement normal de l'institution nouvelle.

C'est alors que les classes apparaîtront sur la scène, et qu'entre elles les antagonismes éclateront ; et il ne sera pas suffisant pour les atténuer de l'influence d'une religion qui meurt; ils ne seront pas dominés par le sentiment profond d'une nationalité qui n'a jamais existée. Et si le sentiment de la Patrie devait alors s'éveiller chez les indigènes, c'est bien d'eux que l'on pourrait dire, que leur Patrie c'est la Liberté; et ce serait aussi celle de ceux qui la leur auraient donnée.

Ah! comme il se serait évanoui, alors, le pitoyable fantôme panislamique. Il n'avait jamais eu de bases, il ne lui resterait même plus les apparences de ses prétextes. Il n'y a que les obstacles qui se dressent actuellement sur sa route qui seraient encore debout!

Et alors, je le dis aux colons, je le dis aux Français : allez au fond du problème, examinez-en soigneusement les répercussions infinies et demandez-vous, si c'est bien dans la voie que l'on propose à vos craintes et à vos pusillanimités, que vous devez vous engager dans l'intérêt supérieur de la France, comme même pour vos intérêts les plus matériels et les plus immédiats, ou si ce n'est pas au contraire en ne redoutant aucune des transformations profondes que l'évolution impose, en faisant leur part, toute leur part aux revendications politiques les plus hardies et même au besoin en les devançant, que vous trouverez la sécurité pour le présent et le salut pour l'avenir.

Mais si l'on se condamne à ne compter que sur les armées nègres, n'a-t-on pas songé qu'il pourrait bien venir une heure — et prochaine plus qu'on ne le pense (1) — où les nègres aussi se mettront en tête de réclamer les libertés et les droits qu'on les aurait chargés d'écraser?

Et sans entrer dans cette voie, ne s'est-on pas aperçu que nous n'étions rien moins qu'un peuple colonisateur. Sur près de 800.000 colons en Algérie, il n'y en a pas la moitié qui soient d'origine française. En Tunisie, sur 148.000 colons européens, il y a tout juste 46.000 Français, et sur ce nombre, il y a 11.000 fonctionnaires!

Et si nous prenons toutes nos autres colonies d'Afrique, d'Amérique, d'Asie, d'Océanie, en retranchant la Guadeloupe et la Martinique où les indigènes sont Français, nous arrivons à trouver dans toute l'étendue du monde, une population coloniale française qui n'atteint pas le chiffre de 88.000 pour 33 millions d'indigènes. Et de ce chiffre, combien de fonctionnaires à retrancher! A travers le monde entier, nous avons tout juste envoyé dans nos propres colonies ce que l'Italie nous a envoyé dans la seule Tunisie!

Et si ce n'est pas sur les Français, que la France peut s'appuyer pour sa pénétration économique, pour la propagation de sa culture admirable et unique et de tout son génie, sur qui donc ce sera, si elle a dédaigneusement et cruellement repoussé les 50 millions d'indigènes qui tendaient vers elle une main fraternelle et suppliante!

(1) Il vient de se constituer un Parti Jeune-Sénégalais.

Ah! on redoute que, parvenus à notre civilisation, les indigènes n'aient rien de plus pressé que de la retourner contre nous pour conquérir leur indépendance complète. Je crains bien qu'en Afrique du Nord, étant donnés les éléments de la colonisation, ce ne soit pas du côté indigène que l'on ait le plus à redouter, d'ici un certain temps, des aspirations séparatistes. Mais si cela devait être, est-ce que de toute façon et en tout état de cause, l'hypothèse n'est pas à envisager? Et n'apparaît-elle pas singulièrement plus redoutable, si nous n'avons pas su associer les indigènes au plus intime de notre vie nationale.

Qu'on le veuille ou non, l'évolution des peuples attardés se fera. Elle se fait même sous nos yeux, avec une rapidité qui déconcerte l'observateur attentif. Si elle ne se fait pas par nous et avec nous, elle se fera quand même, mais contre nous.

Et alors je le demande, aux politiciens qui ne veulent voir que l'heure présente, quelle série de catastrophes n'auront-ils pas préparées à la France, pour dans dix, vingt ou trente ans au plus!

Ah! s'ils sont impuissants à réaliser l'œuvre d'émancipation qui s'impose d'urgence, si la grande lassitude qui tombe sur les classes et les régimes épuisés, les accable à ce point, qu'ils ne peuvent même plus mettre en œuvre leurs principes, là même où ils n'ont pas encore été dépassés par les formules nouvelles de libération économique et sociale que l'évolution propose aux peuples modernes, alors qu'ils abdiquent complètement, qu'ils renoncent à ces colonies, où les statistiques révèlent que nous sommes impuissants à faire œuvre de colonisation réelle et profonde et où nous pouvons seulement faire œuvre de civilisation et de propagation du génie français. Que l'on fasse des colonies ce que l'on voudra, qu'on les échange pour d'autres avantages, où la civilisation humaine n'aurait rien à perdre, alors qu'il en est temps encore; mais que l'on ne commette pas le crime inexpiable, pour la seule satisfaction de quelques rares et bas intérêts de financiers ou d'hommes d'affaires, de grever l'avenir prochain de la France de catastrophes certaines, où il est impossible de prévoir tout ce qui pourrait sombrer d'elle-même.

Ce n'est pas sans un serrement de cœur que nous, les socialistes, qui nous considérons comme les héritiers naturels du régime actuel, nous assisterions à cette abdication qui serait une diminution de notre patrimoine moral!

Mais quoi! il y a assez de force en nous pour que nous puissions dire : Où que soient les hommes sur le vaste monde, nous saurons bien toujours où aller les chercher.

FIN

TABLE DES MATIÈRES